COMO CURAR UM FANÁTICO

AMÓS OZ

Como curar um fanático

*Israel e Palestina:
Entre o certo e o certo*

Tradução
Paulo Geiger

7ª reimpressão

COMPANHIA DAS LETRAS

Copyright © 2004 by Amós Oz
Todos os direitos reservados.

*Grafia atualizada segundo o Acordo Ortográfico da Língua Portuguesa de 1990,
que entrou em vigor no Brasil em 2009.*

Título original
How to Cure a Fanatic: Israel and Palestine: Between Right and Right

Capa
Kiko Farkas/ Máquina Estúdio

Preparação
Manoela Sawitzki

Revisão
Angela das Neves
Huendel Viana

Dados Internacionais de Catalogação na Publicação (CIP)
(Câmara Brasileira do Livro, SP, Brasil)

Oz, Amós.
  Como curar um fanático: Israel e Palestina: entre o certo e o
certo / Amós Oz; tradução Paulo Geiger. — 1ª ed. — São Paulo:
Companhia das Letras, 2016.

  Título original: How to Cure a Fanatic: Israel and Palestine:
Between Right and Right.
  ISBN 978-85-359-2669-9

  1. Conflito árabe-israelense 2. Fanatismo 3. Violência I. Título.

15-09897   CDD-303.6

Índice para catálogo sistemático:
1. Conflito árabe-israelense: Sociologia   303.6

Todos os direitos desta edição reservados à
EDITORA SCHWARCZ S.A.
Rua Bandeira Paulista, 702, cj. 32
04532-002 — São Paulo — SP
Telefone: (11) 3707-3500
www.companhiadasletras.com.br
www.blogdacompanhia.com.br
facebook.com/companhiadasletras
instagram.com/companhiadasletras
twitter.com/cialetras

Sumário

Nota do editor 7

Em louvor às penínsulas 9
Entre o certo e o certo 33
Como curar um fanático 59
Pós-escrito aos Acordos de Genebra 85
Entrevista com Amós Oz 91

Nota do editor

"Em louvor às penínsulas" foi uma palestra proferida na manhã seguinte aos ataques terroristas em Paris, em novembro de 2015. Os ensaios "Como curar um fanático" e "Entre o certo e o certo" foram originalmente apresentados na Alemanha como discursos, em 2002, e editados para esta publicação. Segue-se a eles um artigo — divulgado numa versão ligeiramente diferente no *The Guardian* de 17 de outubro de 2003 — escrito durante os Acordos de Genebra. Ao final, há uma entrevista feita em 2012.

EM LOUVOR ÀS PENÍNSULAS

Esta é uma manhã de choque e de tristeza. Nossos corações voltam-se para as vítimas inocentes, suas famílias, Paris, a França, a humanidade.

Eis algumas linhas que escrevi imediatamente após o Onze de Setembro, e quero repeti-las e reiterá-las hoje: A única força no mundo capaz de conter e mesmo se sobrepor aos islamitas fanáticos são os muçulmanos moderados. Estamos todos esperando agora que os muçulmanos moderados ergam suas vozes, e mesmo passem a agir.

Senhoras e senhores, permitam-me começar com uma nota pessoal. Durante muitos anos tenho acordado às quatro horas da manhã. Uma caminhada antes do amanhecer põe muitas coisas em sua proporção correta. Por exemplo, se nas notícias da noite de véspera um político usou palavras do tipo "para todo o sempre", "por toda a eternidade", ou "jamais, em 1 milhão de anos", posso ouvir às quatro da manhã as pedras no deserto, ou as estrelas sobre o parque da cidade rindo silenciosamente da percepção que aquele político tem do tempo.

Volto para casa, ainda antes do nascer do sol, preparo uma xícara de café, sento à minha escrivaninha e começo a me fazer perguntas. Não pergunto a que ponto está chegando o mundo, ou qual será o caminho certo a seguir. Eu me pergunto: "E se eu fosse ele? E se eu fosse ela? O que sentiria, desejaria, temeria e esperaria? Do que teria vergonha, esperando que ninguém jamais soubesse?".

Meu trabalho consiste em me pôr no lugar de outras pessoas. Ou mesmo estar em suas peles. A força que me impele é a curiosidade. Eu fui uma criança curiosa. Quase toda criança é curiosa. Mas pouca gente continua a ser curiosa em sua idade adulta e em sua velhice.

Agora, todos sabemos que a curiosidade é condição necessária, até mesmo a primeira das condições, para todo trabalho intelectual ou científico. Mas quero acrescentar que em minha opinião a curiosidade também é uma virtude moral. Uma pessoa interessada é uma pessoa um pouco melhor, um progenitor melhor, um parceiro, vizinho e colega melhor do que uma pessoa não curiosa. Um amante melhor também.

Permitam-me sugerir que a curiosidade, juntamente com o humor, são dois antídotos de primeira linha ao fanatismo. Fanáticos não têm senso de humor, e raramente são curiosos. Porque o humor corrói as bases do fanatismo, e a curiosidade agride o fanatismo ao trazer à baila o risco da aventura, questionando, e às vezes até descobrindo que suas próprias respostas estão erradas.

Isso me leva ao papel preponderante da literatura, em particular, e da arte, em geral. Seu maior mérito não é propor uma reforma social ou fazer uma crítica política. Como se sabe, o quintal da filosofia e da teologia está entulhado de esqueletos de romancistas e poetas que quiseram competir com filósofos e teólogos, com ideólogos, ou mesmo com profetas. Muito poucos entre eles tiveram êxito, mas isso não está em questão. Uma literatura ruim pode incluir mensagens morais muito importantes e positivas, e continuar a ser literatura ruim.

A característica que define a boa literatura, ou arte, é a capacidade de fazer se abrir um terceiro olho em nossa testa. Que nos faça ver coisas antigas e batidas de um modo totalmente novo. הולדת גם למראה נושן, יש רגע של. *Gam lemar'e noshan iesh rega shel huledet*, "Mesmo uma visão antiga tem um instante de nascimento", como expressou o grande poeta israelense Nathan Alterman. A grande literatura tem se posto nos lugares e nas peles dos outros, estranhos, às vezes odiosos, seres humanos, dom Quixotes, os

Iagos, os Raskolnikovs deste mundo. A literatura ruim não vai fazer se abrir um terceiro olho. Vai simplesmente repetir o que já sabemos, e nos mostrar apenas o que já vimos.

O que a literatura ruim efetivamente faz é fixar o punhado de clichês morais e psicológicos que a fofoca nos inflige. Sim, a fofoca é prima da literatura de má qualidade, embora a literatura tenha vergonha desse parente e não o cumprimente quando se cruzam na rua.

A fofoca também é uma filha da curiosidade. Mas a fofoca ama os clichês, que adora reiterar nossos preconceitos e nos assegurar de que tudo e todos continuam a ser a mesma coisa. A boa literatura faz o oposto da fofoca: ela nos conta algo que não sabíamos, sobre nós mesmos e sobre os outros. Ou algo que não queríamos saber.

Porque, enquanto a fofoca se basta com a profundidade da pele, a literatura consegue às vezes realizar o milagre de cavoucar sob a pele. E enquanto a fofoca pretende nos agradar e lisonjear, a literatura tenta nos perturbar.

Assim, um boato dirá: "Oh, o homem está ficando velho!". Um romancista medíocre escreverá: "A velhice é uma coisa tão triste!". Mas Tchékhov pode escrever sobre um velho médico curvando-se para uma moça desmaiada, tomando seu pulso, erguendo-se e pronunciando estas três palavras devastadoras: "Eu esqueci tudo".

Quando escrevo, não estou me dirigindo principalmente às emoções de meus leitores, embora esteja falando também para as emoções. Não estou me voltando em especial ao intelecto de meus leitores, embora esteja falando também para ele. Primeira e primordialmente estou me dirigindo à sua curiosidade. Eu lhes digo, como um bom guia de turismo diz a seu grupo, que percebam algo de novo numa cena que já lhes é familiar. Que imaginem como ela pareceria se estivéssemos bem alto na montanha que se ergue acima de nós ou lá embaixo, naquele porão onde uma mulher pendura suas roupas para secar. O grande poeta israelense Yehuda Amichai escreveu:

Uma vez eu estava sentado nos degraus junto a um portão na Torre de Davi. Pus minhas duas pesadas cestas ao meu lado. Um grupo de turistas rodeava o seu guia, e eu me tornei um ponto de referência. "Estão vendo aquele homem com as cestas? Bem à direita de sua cabeça temos um arco do período romano. Bem à direita de sua cabeça." "Mas ele está se movendo, ele está se movendo!", eu disse a mim mesmo: só haverá redenção se o guia lhes disser: "Estão vendo aquele arco do período romano. Não é importante, mas junto a ele, à esquerda e um pouco mais para baixo, está sentado um homem que comprou frutas e legumes para sua família".

Assim, por favor, não me peçam para falar esta manhã, como escritor, sobre a solução de dois Estados ou a solução de um só Estado. Tenho dedicado meu pensamento a esse tópico por quase meio século. Mas direi o seguinte: meu apoio a dois Estados separados, um para os israelenses, outro para os palestinos, não se origina da visão histórica, da astúcia dos políticos ou da expertise de um cientista político. Não tenho nenhuma dessas qualidades; tenho apenas curiosidade e imaginação. Desde a minha infância em Jerusalém, tenho me perguntado como seria ser um palestino, refugiado ou não. Como seria viver na pele de um palestino. Abrigar as memórias de um palestino. Sonhar os sonhos palestinos.

Enquanto faço essas perguntas, continuo a ser um judeu israelense. Isso não me tornou um palestino, ou me fez adotar a narrativa palestina, e me sujeitar a toda exigência palestina. Nem me fez oferecer a outra face. Mas me inspirou a buscar um acordo baseado em concessões mútuas, um acordo de compromissos.

Acordo de compromissos, percebam, está longe de ser uma capitulação. Não tem nada a ver com oferecer a outra face. É bastante estranho, mas compromisso também pode ser um filho da curiosidade. Porque imaginar outras vidas, outras salas de estar, outros amores e outros pesadelos pode nos fazer sair de nossa sala de estar e ir ao encontro da outra pessoa a meio caminho da ponte.

Sei que jovens idealistas (hoje em dia eles prefeririam o termo "ativistas") frequentemente odeiam o acordo fundamentado em concessão mútua, em compromisso, o depreciam como sendo oportunismo covarde, imoral. Mas em meu dicionário, compromisso é sinônimo de vida. E o oposto desse compromisso não é integridade, ou idealismo, mas extremismo e morte.

A curiosidade também inspirou meu fascínio pelo mal. As ciências sociais tendem a atribuir a agressão ao sofrimento na infância, ou à crueldade da sociedade, ou ao colonialismo. Não existem atos malévolos, só crimes induzidos pelo trauma. Não existem pessoas más, só vítimas que se tornaram perpetradores. Assim, sociólogos e psicólogos não reconhecem de todo a existência do mal. Mas eles estão errados: o mal existe. Teólogos, por outro lado, muitas vezes reivindicam o mal como parte de seu campo de especialização. Mas estão errados também: quase todo ser humano reflete sobre o mal, e estamos profundamente fascinados por ele, quer o aceitemos ou não. A literatura sempre soube como somos curiosos a respeito do mal. Desde Caim, Medeia, Iago, Mefistófeles, Raskolnikov e o Patriarca de García Márquez, todos eles nos intrigam, porque cada um de nós e todos nós carregamos um ou dois genes, ou um ou dois germes, do mesmo tipo dos que se apossaram desses monstros literários.

Anos de observação do mal, em círculos históricos e em círculos de minha própria vizinhança e da minha própria intimidade, me levaram a pensar que a distinção entre o bem e o mal é a parte mais fácil do exercício moral. Quase todos nós conhecemos, mesmo que só instintivamente, o imperativo categórico de Kant. Quase todos nós distinguimos, por experiência, o que é a dor. Quando ferimos os outros, sabemos que os machucamos. Mesmo que finjamos não saber.

Todos nós comemos da Árvore do Conhecimento, cujo nome completo em hebraico é עץ הדעת טוב ורע, *Ets haDaat Tov veRá*, a *Árvore do Conhecimento do Bem e do Mal*. Se eu tivesse de destilar os Dez Mandamentos em um só, ou o imperativo categórico de Kant em duas palavras, eu diria: "Não ferirás".

[Ou em três palavras: "Não infligirás dor".]

Tenho mantido uma discussão amarga com um compatriota muito famoso e meu correligionário judeu, Jesus Cristo, que diz: "Perdoa-lhes: não sabem o que fazem". Às vezes concordo com a primeira parte da sentença, a parte do perdão, mas rejeito energicamente a segunda parte, que implica que devamos ser todos, ou a maioria de nós, perdoados porque somos moralmente imbecis. Não somos. Sabemos o que significa a dor. Sabemos que é errado infligir dor. Toda e cada vez que infligimos dor aos outros, sabemos o que estamos fazendo. Ah, sabemos, sim. Mesmo uma criancinha inocente que puxa o rabo do cachorro sabe que está causando dor. A dor é o grande denominador comum de todas as coisas comuns. A dor é uma experiência democrática, até mesmo uma experiência igualitária. A dor não distingue entre o mais rico e o mais pobre, entre o mais poderoso e o mais submisso. Sempre que infligimos dor aos outros, não o fazemos a partir da ignorância, mas porque, ao que parece, deve haver algum gene malévolo em quase todos nós.

No entanto, não se preocupem com minha discordância com Cristo: não há nada incomum em dois israelenses ter opiniões opostas.

Qual é, então, a parte difícil do exercício moral? É distinguir entre as gradações do mal. Pois no mundo há muitas gradações do mal. Roubo, pilhagem e exploração são coisas muito ruins. Estupro e assassinato são piores. A opressão de mulheres, de minorias e a colonização de povos são muitos ruins. Genocídio é pior. A destruição do meio ambiente é muito ruim. Limpeza étnica é pior. A comercialização e a vulgarização das relações humanas são muito ruins. A queima de heréticos na fogueira e a venda de jovens mulheres por um maço de cigarros são piores. A infantilização sistemática da humanidade pelo capitalismo de mercado é muito ruim. Bem como o entrelaçamento entre política e entretenimento. Mas as cruzadas, a jihad, a Inquisição, os gulags e os campos de concentração são muito, muito piores.

Nos anos recentes, os intelectuais europeus têm sido preguiçosos demais para distinguir as gradações do mal. Eles põem todos os males deste mundo em um mesmo cesto: apartheid, poluição, genocídio, machismo, chauvinismo, espionagem eletrônica, a ocupação da Cisjordânia por Israel, o emudecimento da oposição na China, e os insultos do politicamente incorreto. Talvez esses intelectuais tenham perdido alguma básica curiosidade humana quanto à natureza do mal: eles precisam aprender sua intricada cartografia, suas camadas geológicas.

E assim, enquanto Immanuel Kant estudava o zênite do bem absoluto, meu próprio trabalho cotidiano me leva ao reino do mal relativo. Pois aquele ou aquela que não souber distinguir entre as diferentes gradações do mal, poderá, involuntariamente, tornar-se um servidor do mal. Este é meu próprio imperativo moral: prestar atenção às diferenças entre o que é ruim, pior e o pior de tudo. E tentar não causar dor, ou ao menos tentar infligir o mínimo de dor possível.

Sou filho de judeus europeus, mas não me considero mais um europeu. Intrigado com Europa, sim. Fascinado pela Europa, muito mesmo. Atraído pela Europa, de muitas maneiras. Mas não um europeu.

Meus pais eram europeus por devoção. Nunca se consideraram russos ou poloneses, lituanos ou ucranianos. Amavam a Europa. Eram poliglotas, amavam diferentes culturas e tradições, a variedade de tesouros artísticos e literários, a arquitetura, as paisagens, as pradarias e as florestas, as cidades antigas com suas alamedas calçadas com pedras arredondadas. Amavam os cafés; amavam até mesmo o som dos sinos das igrejas. E acima de tudo, amavam a música.

Hoje, isso não é nada de mais. Quase todo mundo na Europa é um europeu, e muitos estão na fila para se tornar europeus. Mas noventa anos atrás, meus pais e muitos judeus modernos como eles eram os únicos europeus na Europa. Cada um dos outros era um patriota búlgaro, um patriota holandês ou um patriota irlandês. Alguns eram pan-eslavistas ou pangermanistas. Meus pais eram, noventa anos atrás ou se tanto, os únicos europeus na Europa. Eram jovens estudantes em universidades europeias, e seu amor pela Europa nunca foi retribuído. Por serem europeus, foram rotulados como cosmopolitas, parasitas, intelectuais sem raízes. Alguns de vocês são idosos o suficiente para lembrar desses três pejorativos, que foram parte de um vocabulário compartilhado por nazistas e comunistas. Eles se dirigiam aos meus pais.

Na década de 1930 meu pai foi testemunha de um grafite rancoroso nos muros das cidades da Europa: "Judeus, voltem para a Palestina". Hoje em dia, os mesmos muros gritam para nós: "Judeus, saiam da Palestina". Então, onde fica na Terra a pátria do povo judeu? Ou fica na Lua? Ou no fundo do mar?

Quando os antissemitas europeus passaram do verbo à violência, meus pais foram chutados de suas casas e universidades na Europa. Afortunadamente, para eles, se não tivessem sido violentamente expulsos na década de 1930, teriam sido assassinados na década de 1940. Vieram para Jerusalém, não porque queriam ficar ricos explorando os nativos ou os não existentes recursos naturais do país. Vieram para Jerusalém porque na década de 1930 ninguém, no mundo inteiro, queria nenhum judeu a mais. Alguns países, em relação à perspectiva de aceitar judeus perseguidos como refugiados, fizeram uso da famosa linha: "Um já é demais". Alguns disseram: "Nenhum já é demais". Um país distante foi mais sofisticado do que isso, seus líderes rejeitaram o antissemitismo como algo "monstruoso e sórdido", e imediatamente acrescentaram, "e não vamos receber mais judeus em nosso país porque não queremos importar o antissemitismo".

Algumas pessoas, inclusive jovens israelenses, começaram há pouco a se perguntar se o preço da criação e da existência de Israel não está sendo demasiadamente alto.

Exageradamente alto em derramamento de sangue, em violência, no deslocamento de centenas de milhares de árabes e judeus. Essa pergunta se baseia na suposição ingênua e falsa de que quando meus pais foram procurar seu agente de viagens na Polônia, na década de 1930, cometeram um erro terrível ao comprar passagens para Jerusalém. Se em vez de Jerusalém tivessem preferido ir para a Riviera francesa, o conflito teria sido evitado, e o Oriente Médio teria se tornado um paraíso pacífico. Todos poderiam ser felizes.

Mas na década de 1930 meus pais, e os pais da minha mulher, e quase todos os outros judeus europeus, simplesmente não tinham outro lugar para onde ir. Seria Jerusalém ou ficar onde estavam, e eu não estaria hoje aqui. O mesmo acontece em relação a 1 milhão de judeus médio--orientais que foram expulsos de forma violenta dos países árabes e muçulmanos ou fugiram desses países, escapando por um triz.

Meus pais e sua geração de refugiados trouxeram a Europa com eles para Jerusalém. Tentaram criar um pequeno enclave europeu no limiar do deserto. Tratavam-se reciprocamente de *Herr Doktor* e *Frau Direktor*. Queriam paz e silêncio entre as duas e as quatro da tarde. Viviam em pequenos apartamentos, e no caso de minha família, num minúsculo flat no térreo. Mas suas casas estavam cheias de livros, gramofones e reproduções de paisagens europeias pelas paredes. Quando eu era criança, para mim isso era assombroso e misterioso. Hoje sei que eram manifestações de seu amor não correspondido pelo continente que os tinha chutado de lá.

Uma ou duas vezes, em minha infância, eles me disseram numa voz sonhadora que um dia, não em seu tempo de vida, mas talvez no meu, nossa Jerusalém iria se tornar uma cidade de verdade. Não tinha ideia sobre o que estavam se referindo. Para o meu pequeno eu, Jerusalém era a única cidade real no mundo. Até mesmo Tel Aviv era um sonho distante. Mas hoje sei que toda vez que meus pais diziam, com saudades, as palavras "uma cidade de verdade" mencionavam uma cidade com um rio a cruzá-la, e com pontes atravessando o rio.

Eles carregaram consigo essa ferida pelo resto de suas vidas, e eu carrego a mesma lesão em meus genes e em minha mente. É por isso que não me considero mais um europeu.

Muitos judeus, eles ou seus pais, que fugiram de países muçulmanos para Israel, carregam consigo, em relação ao mundo islâmico, esse mesmo sentimento de amor e ódio que eu tenho em relação à Europa.

Eu já disse mais de uma vez, mas creio ser útil reiterar que a Europa está envolvida historicamente, em mais do que uma só maneira, na tragédia de israelenses e árabes. Tanto israelenses como árabes, de dois modos distintos, foram no passado vítimas da Europa: os árabes pelo colonialismo, o imperialismo, a exploração e a humilhação. Os judeus pela discriminação, perseguição, pelos pogroms e finalmente pelo pior genocídio sistemático da história. Verdade: a Europa não foi o único colonizador na história moderna. Não foi o único agressor imperial. Mas hoje, entre todos os impérios do passado, é a Europa que carrega a maior culpa associativa.

É tentador imaginar que duas vítimas, especialmente duas vítimas do mesmo opressor, corram a se irmanar e marchar juntas para as barricadas. E assim acontece, às vezes, nos textos de Bertolt Brecht, mas na vida real alguns dos piores conflitos estão recrudescendo exatamente entre duas vítimas do mesmo opressor. Dois filhos do mesmo e violento pai nem sempre se amam. Muitas vezes um vê no outro a imagem do pai cruel. E isso acontece frequentemente entre judeus e árabes no Oriente Médio hoje em dia.

Muitos árabes não conseguem ver que os judeus israelenses são vítimas como eles, um bando de semi-histéricos refugiados e sobreviventes, enquanto muitos judeus tendem a enxergar os árabes como não mais do que uma encarnação de seus opressores no passado, antissemitas, fazedores de pogroms, nazistas envoltos em *kaffiahs*.

Quando pessoas me falam atualmente sobre a vantagem, a superioridade, da cultura ocidental, sobre seus alegados rivais no leste ou no sul, não consigo deixar de me lembrar, ao menos de tempos em tempos, de que a Europa, quase o menor dos cinco continentes, derramou em sua história mais sangue inocente de que todos os outros quatro continentes (desde Aníbal até a Al-Qaeda e desde Gêngis Khan até o Isis) juntos. Seu próprio sangue e os sangue de suas vítimas.

No dia seguinte ao Onze de Setembro eu escrevi em algum lugar: quem poderia imaginar que depois do século xx viria logo a seguir o século xi? Caçar um bando de fanáticos nos desertos do Iraque e da Síria ou nos becos de Gaza é uma coisa; lutar contra o fanatismo é outra. Não tenho sugestões específicas a fazer quanto à caça. Mas, afinal, minha infância em Jerusalém me granjeou certa expertise em fanatismo. Talvez já seja tempo de toda escola e toda universidade começar a ministrar um curso sobre fanatismo comparado.

Eu acredito que o violento embate global de nossa época não é entre os ricos e os pobres (a Arábia Saudita e os Estados do Golfo entre os mais ricos, sendo alguns países africanos os mais pobres).

Nem é uma "guerra entre civilizações". Samuel Huntington sugeriu que a síndrome do início do século xxi é a luta entre diversas civilizações, inclusive o Ocidente. Creio que ele estava errado. Acredito que a síndrome de nossa época é a luta universal entre fanáticos, todos os tipos de fanáticos, e o resto de nós. Entre os que creem que seus fins justificam os meios, todos os meios, e o resto de nós que julga que a vida humana é um fim em si mesma.

O crescimento do fanatismo pode ter relação com o fato de que quanto mais complexas as questões se tornam, mais as pessoas anseiam por respostas simples. Fanatismo e fundamentalismo muitas vezes têm uma resposta com uma só sentença para todo o sofrimento humano. O fanático acredita que se alguma coisa for ruim, ela deve ser extinta, às vezes junto com seus vizinhos. O fanatismo é muito antigo. É muito mais velho que o islã, o cristianismo e o judaísmo. Mais velho do que todas as ideologias. Infelizmente, penso que, assim como a violência, o fanatismo também é um componente permanente da natureza humana, um "gene ruim" que existe em quase todos nós. O fanatismo muitas vezes origina-se na vontade imperiosa de modificar os outros pelo próprio bem deles.

Com mais frequência do que o contrário, o fanático é um grande altruísta: está mais interessado em você do que nele mesmo. Muitos fanáticos nem sequer têm um *self*, ou qualquer vida privada. Eles são 100% públicos. Uma síndrome comum é uma combinação de interminável autopiedade com uma crença ardente numa redenção instantânea, tudo de um golpe só. Pessoas que explodem clínicas de aborto na América, pessoas que decapitam presumíveis hereges no Oriente Médio, pessoas que queimam mesquitas e sinagogas na Europa e em Israel, pessoas que assassinam outras simplesmente porque as outras se recusaram a mudar, nascer de novo, ir embora ou se converter — todas elas compartilham o mesmo e antigo gene. O fanático é um ponto de exclamação ambulante. Certamente não estou sugerindo que todo aquele que eleva sua voz contra alguma coisa é um fanático. O sinal indicador do fanatismo não é o volume da sua voz, mas a atitude com as vozes dos outros. Eu enfatizaria novamente aqui a necessidade da distinção entre as várias gradações do mal. Nunca vou comparar um ambientalista extremado ou uma militante feminista com um terrorista assassino. Existe uma diferença de gradação até mesmo entre um terrorista assassino e um adepto da limpeza étnica. Assim como há uma diferença de gradação entre o assédio sexual e o estupro: ambos são realmente muito malévolos, ambos são evidentemente criminosos, mas não são males da mesma gradação.

Entre os antídotos para o fanatismo estão o humor, o ceticismo e a argumentatividade. Também uma certa propensão à jocosidade. A Jerusalém da minha infância, com suas miríades de extremistas, era, bem estranhamente, habitada por muitos céticos e debatedores e aventureiros intelectuais, frequentemente dotados de um maravilhoso, autodepreciativo, autoprovocativo senso de humor. A cultura judaica tinha tudo isso: o fanatismo e seus antídotos.

Meu romance mais recente, *Judas*, trata, entre outras coisas, da ambiguidade dos termos "traição" e "lealdade". Muitas pessoas de grande valor através da história foram chamadas de traidores por seus próprios contemporâneos, simplesmente por estarem à frente de sua época. Não raro, um traidor é apenas uma pessoa que mudou, aos olhos daqueles que desprezam mudança, rejeitam mudança, e odeiam os que trazem novas marés.

O jovem erudito que descrevo em *Judas* afirma que Judas Iscariotes não foi um traidor, mas exatamente o oposto: ele acreditava em Jesus ainda mais do que Jesus acreditava em si mesmo. Ele persuadiu Jesus a ir a Jerusalém, ser crucificado e descer da cruz, à vista do mundo inteiro, dando assim rapidamente início ao Reino do Céu, com isso trazendo uma instantânea redenção universal. Quando isso não se materializa e Jesus morre na cruz, Judas se enforca.

No final, a história bíblica das trinta moedas de prata, do beijo do traidor, dos assassinos de Deus, essa história tem sido o Chernobyl do antissemitismo ocidental, a força motriz por trás de milênios de perseguição, inquisição e assassinato em massa dos judeus. Já é tempo de reabrir e rever essa história tão antiga e tão feia.

Como eu disse antes, discordo de meu famoso compatriota Jesus Cristo na questão de voltar a outra face. Outra discordância entre nós — e vocês já sabem que israelenses gostam de discordar uns dos outros — é sobre o amor universal. Para mim, amor é uma experiência íntima, um artigo raro. Um ser humano só é capaz de amar muito pouco. Se alguém disser que ama a América Latina, ou que ama o terceiro mundo, ou que adora o "belo sexo", estará usando inadequadamente o termo "amar". Ao contrário de muitos pacifistas, não compartilho a ideia de que a guerra é o pior dos males. Para mim, o pior dos males é a agressão. Guerras e violência são apenas consequências da agressão. A agressão às vezes tem de ser repelida e derrotada com o uso da força. Essa é a diferença crucial entre um ativista do pacifismo como eu e como o movimento israelense pela paz, por um lado, e numerosos pacifistas, por outro lado. Tenho consciência de que às vezes é preciso usar a força como último recurso. No entanto, penso que é impossível acabar com uma ideia apenas com o uso da força. Ideias ruins têm de ser superadas, afinal, por ideias melhores. O Estado Islâmico não é apenas um bando de assassinos, é uma ideia, nascida de raiva e desespero e fanatismo. Pode-se usar a força para derrotar o Estado Islâmico, mas o vazio que a isso se seguirá deve ser preenchido com ideias melhores. Afinal, não se pode bater numa ferida que sangra para fazê-la parar de sangrar ou para fazê-la deixar de ser uma ferida. Essa regra é verdadeira também, é claro, para a tragédia israelo-palestina. Infelizmente, um número demasiado de israelenses e de árabes parece ignorar essa simples verdade.

* * *

No livro que escrevemos juntos, *Os judeus e as palavras*, minha filha, professora Fania Oz-Salzberger, e eu afirmamos:

> Existe uma teologia judaica da *chutzpá*. Ela reside na sutil junção de fé, tendência a discutir e fazer humor de si mesmo. E redunda numa reverência especialmente irreverente. Nada é tão sagrado que não mereça uma zombaria ocasional. Você pode rir do rabino, de Moisés, dos anjos e até mesmo do Todo-Poderoso.
>
> Os judeus têm um longo legado de riso, às vezes adjacente ao nosso longo legado de lágrimas. Há uma sólida tradição de autocrítica agridoce, muitas vezes ao ponto da autodepreciação, que se mostrou um instrumento confiável de sobrevivência num mundo hostil. E uma vez que riso, lágrimas e autocrítica são quase sempre verbais, todos eles fluem tranquilamente no hábito hebraico e judaico de discutir por tudo e debater com todo mundo: consigo mesmo, com os amigos, com os inimigos, e às vezes com Deus.

Esses traços judaicos de rir e de discutir são ao mesmo tempo muito sociais e profundamente individuais. Vou terminar com uma reflexão sobre este verso sublime do poeta inglês John Donne: "Nenhum homem é uma ilha". A isso, ouso acrescentar: nenhum homem é uma ilha, mas cada um de nós é uma península: em parte conectado com a terra firme da família, da sociedade, da tradição, da ideologia etc. — e em parte voltado para os elementos, sozinho e em silêncio profundo. Penínsulas é o que somos — e nos deve sempre ser permitido continuarmos a sermos penínsulas. Eu me ressinto daqueles que ficam pressionando cada um de nós a sermos não mais do que uma molécula sem rosto de alguma terra firme, alguma terra prometida, algum reality show, algum paraíso de extremistas — tanto quanto me ressinto dos que estão tentando nos tornar um arquipélago de ilhas isoladas, cada uma mergulhada numa solidão eterna e numa perpétua luta darwinista com todos os outros.

Nós, humanos, pertencemos uns aos outros, mas não da maneira dos fanáticos, e não da maneira comercialmente infantil. Pertencemos uns aos outros no sentido às vezes atingido na boa literatura: no dom da curiosidade, na aptidão para imaginar a vida na pele de cada um dos outros. E depois o momento de graça, o momento metaforicamente judaico no qual traduzimos nossas profundas diferenças individuais no milagre das pontes construídas por palavras.

Amsterdam, 14 de novembro de 2015

ENTRE O CERTO E O CERTO

Quem são os bons moços? É isso que todo europeu bem-intencionado, todo intelectual europeu, todo europeu liberal sempre quis saber, antes e mais do que tudo. Quem são os mocinhos no filme e quem são os vilões. Em relação a isso, no Vietnã foi fácil: o povo vietnamita era a vítima e os americanos eram os malvados. O mesmo com o apartheid: era perceptível que representava um crime e que a luta por direitos civis iguais pela libertação, pela igualdade e pela dignidade humana era uma luta correta. Por outro lado, a oposição entre o colonialismo e o imperialismo parece relativamente simples — pode-se distinguir os bons dos maus. Quando se trata dos fundamentos do conflito árabe-israelense, em particular dos conflitos entre palestinos e israelenses, isso tudo não é tão evidente. E temo que isso não se torna mais fácil se dissermos simplesmente: esses são os anjos, esses são os demônios, basta apoiarem os anjos e o bem prevalecerá sobre o mal. O conflito israelo-palestino não é um filme do Velho Oeste. Não é a luta do bem contra o mal, é antes uma tragédia no mais antigo e mais preciso sentido da palavra: um choque entre o certo e o certo, um embate entre uma reivindicação muito poderosa, profunda e convincente, e outra muito diferente mas não menos convincente, não menos poderosa, não menos humana.

Os palestinos estão na Palestina porque a Palestina é a pátria e a única terra do povo palestino. Da mesma maneira como a Holanda é o lugar de origem dos holandeses, ou a Suécia, o berço dos suecos. Os judeus israelenses estão em Israel porque não existe outro país no mundo onde os judeus, como um povo, uma nação, jamais poderiam chamar de lar. Como indivíduos, sim, mas não como um povo, não como uma nação. Os palestinos tentaram, não de maneira voluntária, viver em outros países árabes. Foram rejeitados, às vezes até mesmo humilhados e perseguidos pela chamada "família árabe". Tornaram-se conscientes, da forma mais dolorosa, de sua "palestinidade", não foram reconhecidos como libaneses ou sírios ou egípcios ou iraquianos. Tiveram de aprender pelo modo mais difícil que são palestinos e que esse é o único país onde podem se radicar. De um modo estranho, o povo judeu, assim como o palestino, teve uma experiência histórica um tanto paralela. Os judeus foram chutados da Europa; meus pais quase foram expulsos daqui há uns setenta anos. Assim como os palestinos foram obrigados a sair, ou quase isso, primeiro da Palestina e depois dos países árabes. Quando meu pai era um menininho na Polônia, as ruas da Europa estavam cobertas de grafites, "Judeus, voltem para a Palestina" ou às vezes pior: "Yids sujos, se mandem para a Palestina". Quando meu pai revisitou a Europa cinquenta anos depois, os muros estavam cobertos com novos grafites, "Judeus, fora da Palestina".

As pessoas na Europa continuam a me enviar convites maravilhosos para passar um agradável fim de semana com parceiros palestinos, colegas palestinos, sósias palestinos, para que possamos aprender a nos conhecer mutuamente, a gostar uns dos outros, para tomarmos um café juntos e assim constatarmos que ninguém tem chifres e rabos — e o problema desaparecerá. Isso tem como base uma fantasia sentimental europeia bastante difundida de que todo confronto nada mais é do que um mal-entendido. Um pouco de terapia de grupo, um toque de conselho familiar, e depois todos viverão felizes para sempre. Bom, primeiro, tenho más notícias: alguns conflitos são bem reais, são muito piores do que um mero desentendimento. Depois, tenho notícias sensacionais: não existe, na essência, um mal-entendido entre um árabe palestino e um judeu israelense. Os palestinos querem a terra que eles chamam de Palestina. Eles têm muitas e fortes razões para querê-la. Os judeus israelenses querem exatamente a mesma terra precisamente pelas mesmas razões, o que proporciona um perfeito entendimento entre as partes, e uma terrível tragédia. Rios de café tomados juntos não poderiam extinguir a desgraça de dois povos que reivindicam — e creio que estão certos ao reivindicar — o mesmo pequeno país como sendo seu, e sua única pátria nacional no mundo inteiro. Assim, tomar café juntos é maravilhoso e sou totalmente a favor disso, especialmente se o café for árabe — infinitamente melhor que o café israelense. Mas beber um cafezinho não vai acabar com o problema. Não precisamos só de café e de um bom entrosamento. Precisamos de um doloroso compromisso. A palavra "compromisso" tem uma terrível reputação na Europa. Especialmente entre jovens idealistas, que sempre veem compromisso, um acordo de concessões mútuas, como oportunismo, como algo desonesto, furtivo e duvidoso, um sinal de falta de integridade. Não em meu vocabulário. Para mim a palavra "compromisso" significa vida. E o contrário de compromisso não é idealismo, é fanatismo e morte. Precisamos de um compromisso. Compromisso, não capitulação. Um compromisso significa que o povo palestino nunca deve se ajoelhar, nem o povo judeu israelense deve se ajoelhar.

Vou debater a natureza desse compromisso, mas logo de cara devo lhes dizer que será muito doloroso. Porque ambos os povos amam o país, porque judeus israelenses e árabes palestinos têm igualmente profundas e diferentes raízes históricas e emocionais no país. Um dos componentes dessa tragédia, um dos aspectos que encerra certa ironia é o fato de que muitos judeus israelenses não reconhecem quão profunda é a conexão emocional dos palestinos com essa terra. E muitos palestinos não reconhecem quão profunda é a conexão judaica com a mesma terra. No entanto, esse reconhecimento chega de modo doloroso num processo também doloroso para as duas nações. É uma estrada pavimentada com sonhos estilhaçados e ilusões desfeitas e esperanças feridas e slogans frustrados do passado de ambos os lados.

Trabalhei durante muitos anos para o movimento israelense Paz Agora. Na verdade, eu já trabalhava por uma paz israelo-palestina muito antes da criação do movimento, em 1978. Ainda em 1967, logo após a Guerra dos Seis Dias, estive entre os primeiros e raros judeus israelenses que defenderam a ideia de negociar o futuro da Cisjordânia e de Gaza não com a Jordânia ou com o Egito, mas com a população palestina e sua liderança, com a Organização para a Libertação da Palestina (OLP), que na época se recusava até mesmo a pronunciar a palavra "Israel". Foi uma experiência estranha naqueles dias. Neste instante, o movimento israelense pela paz está ferido. Mas deixemos muito claro que o movimento israelense pela paz não é irmão gêmeo de movimentos pacifistas na Europa, ou dos movimentos nos Estados Unidos durante os anos da Guerra no Vietnã ou de outros mais recentes. Não defendemos a ideia de que se Israel se retirar dos territórios ocupados tudo estará resolvido da noite para o dia. Nem temos a ideia simplista de que Israel é o vilão, certamente não é o único malvado nessa história. Somos pró-paz, mas não necessariamente pró-palestinos. Somos críticos da liderança palestina. Eu, pessoalmente, sou um crítico da liderança palestina assim como sou da liderança israelense. E chegarei a isso mais adiante. Mas vai ainda mais fundo a discussão entre nós e alguns movimentos pacifistas europeus. Estive no campo de batalha duas vezes, na primeira como soldado da reserva numa unidade de tanques na frente egípcia, no Sinai, em 1967, e depois na frente síria, na guerra de 1973. Foi a experiência mais horrível de toda a minha vida, e ainda assim não tenho vergonha de ter lutado nessas duas guerras. Não sou um pacifista no sentido sentimental da palavra. Se eu sentisse que haveria mais uma vez um perigo real de meu país ser completamente varrido do mapa e meu povo ser chacinado, eu lutaria de novo, mesmo

40

sendo um idoso. Mas só lutaria se achasse que seria questão de vida ou de morte, ou se alguém tentasse me escravizar ou escravizar outra pessoa. Eu nunca lutaria por mais territórios — preferiria ir para a prisão. Nunca brigaria por um quarto a mais para a nação. Nunca combateria por lugares sagrados ou visões sagradas. Nunca lutaria pelos assim chamados interesses nacionais. Mas lutaria, e batalharia como um demônio, pela vida e pela liberdade e por nada mais.

Agora, isso deve criar uma certa brecha entre mim e o pacifista europeu comum, que sustenta que o mal definitivo no mundo é a guerra. Em meu vocabulário a guerra é terrível, mas o mal definitivo não é a guerra, e sim a agressão. Se em 1939 o mundo inteiro, exceto a Alemanha, tivesse sustentado que a guerra era o pior de todos os males no mundo, então Hitler teria sido o senhor do universo. Assim, quando se reconhece uma agressão é preciso lutar contra ela, venha de onde vier. Mas somente pela vida e pela liberdade, não por mais território ou mais recursos.

Quando cunhei a expressão "Faça paz, não amor", eu não estava, é óbvio, pregando contra o amor. Mas sim, em certa medida, tentando acabar com a confusão amplamente difundida entre paz e amor e fraternidade e compaixão e perdão e concessão e assim por diante, que faz as pessoas pensarem que se elas apenas largassem suas armas, o mundo no mesmo instante se tornaria um lugar maravilhoso, adorável. Pessoalmente, acredito que o amor é um artigo raro. Creio que um ser humano, pelo menos segundo minha experiência, pode amar dez pessoas. Se for muito generoso poderá amar vinte pessoas. Um ser humano sortudo, muito felizardo pode até mesmo ser amado por dez pessoas. Se for extraordinariamente sortudo, pode ser amado por vinte pessoas. Se alguém me disser que ama a América Latina, ou que ama o Terceiro Mundo, ou que ama a humanidade, isso é muito vago para ser significativo. Como lamentava uma canção popular muitos anos atrás, "Não há amor suficiente no mundo". Não creio que o amor seja a virtude com a qual serão resolvidos os problemas internacionais. Precisamos de outras virtudes. Carecemos de senso de justiça, mas também de senso comum, necessitamos de imaginação, de uma profunda habilidade de imaginar o outro, às vezes nos pondo no lugar dele. Precisamos de uma aptidão racional para o compromisso e às vezes para fazer sacrifícios e concessões, mas não temos de cometer suicídio em nome da paz. "Vou me matar e assim você será feliz." Ou ainda: "Quero que você se mate porque isso me fará feliz". E essas duas atitudes não são diferentes; são mais parecidas do que vocês supõem.

Em minha concepção, o contrário da guerra não é o amor, e o oposto da guerra não é a compaixão, e o avesso da guerra não é a generosidade ou a fraternidade ou o perdão. Não, o contrário da guerra é a paz. As nações devem viver em paz. Se eu vir em minha vida o Estado de Israel e o Estado da Palestina convivendo um ao lado do outro como vizinhos decentes, sem opressão, sem exploração, sem derramamento de sangue, sem terror, sem violência, ficarei satisfeito mesmo se o amor não prevalecer. E, como nos lembra o poeta Robert Frost, "Boas cercas fazem bons vizinhos".

Uma das coisas que fazem esse conflito ser particularmente difícil é o fato de que o conflito israelo-palestino, a luta árabe-israelense, acontece entre duas vítimas. Duas vítimas do mesmo opressor. A Europa, que colonizou o mundo árabe, o explorou, o humilhou, tripudiou sobre sua cultura, o controlou e usou como um playground imperialista, é a mesma Europa que discriminou os judeus, os perseguiu, os atormentou e por fim os assassinou em massa num crime de genocídio sem precedentes. Agora, se poderia pensar que duas vítimas desenvolveriam entre si um senso de solidariedade — como o que está na poesia de Bertolt Brecht. Mas, na vida real, alguns dos piores conflitos são precisamente aqueles entre duas vítimas do mesmo opressor. Dois filhos do mesmo pai cruel não necessariamente amam um ao outro. Com muita frequência eles enxergam um ao outro na imagem exata do pai cruel.

E esse é exatamente o caso não só entre israelenses e palestinos, mas também entre judeus e árabes. Cada um dos elementos olha para o outro e vê nele a imagem de seus antigos opressores. Em grande parte da literatura árabe contemporânea, embora não em sua totalidade (e aqui devo fazer uma ressalva: só consigo ler literatura árabe traduzida, pois infelizmente não leio em língua árabe), o judeu, em especial o judeu israelense, é com frequência descrito como uma extensão da Europa branca, sofisticada, tirana, colonizadora, cruel, sem coração do passado — os colonialistas, que chegaram mais uma vez ao Oriente Médio, agora disfarçados de sionistas, mas vieram para tiranizar, colonizar e explorar. São as mesmas pessoas — nós as conhecemos. Repetidas vezes os árabes, até mesmo alguns escritores árabes sensíveis, não conseguem nos enxergar como nós, judeus israelenses, de fato somos, um grupo de semi-histéricos refugiados e sobreviventes, perseguidos por terríveis pesadelos, traumatizados não apenas pela Europa, mas também pela maneira como fomos tratados em países árabes e islâmicos. Metade da população de Israel é formada de pessoas que foram expulsas de países árabes e islâmicos. Israel é de fato um grande campo de refugiados judeus. Metade de nós é efetivamente refugiados judeus de países árabes, mas os árabes não nos veem dessa maneira; eles nos veem como uma extensão do colonialismo. Na mesma moeda nós, judeus israelenses, não enxergamos os árabes, particularmente os palestinos, como eles são: vítimas de séculos de opressão, exploração, colonialismo e humilhação. Não, nós os temos como criadores de pogroms e nazistas, que apenas embrulharam-se em *keffiyehs** e deixaram crescer bigodes e ficaram bronzeados, mas estão no velho jogo de cortar a garganta dos judeus por diversão. Em suma, eles são nossos opressores do passado começando tudo de novo. No que diz respeito a isso, há em ambos os lados uma profunda ignorância: não um desconhecimento político quanto às intenções e aos objetivos, mas quanto ao contexto, aos traumas profundos das duas vítimas. Tenho sido nos últimos anos muito crítico ao movimento nacional palestino. Alguns motivos são históricos, outros não. Mas na maior parte das vezes tenho feito críticas ao movimento nacional palestino por ter fracassado ao não se dar conta de quão autêntica é a conexão judaica com a terra de Israel. Fracassado por não se dar conta de que Israel moderno não é um produto de um empreendimento colonialista, ou ao menos fracassado por não dizer isso a seu próprio povo. Devo lhes dizer que sou igualmente crítico a gerações de sionistas israelenses que foram incapazes de imaginar a existência de um povo palestino, um povo real, com direitos reais e legítimos. Assim, ambas as lideranças — do passado e também do presente — são culpadas ou de não ter compreendido a tragédia ou de não ter ao menos contado aos seus povos.

* Lenço usado na cabeça pelos homens. (N. T.)

Bem, não acredito num repentino surto de amor recíproco entre Israel e Palestina. Não espero que, assim que se encontrar alguma fórmula milagrosa, os dois antagonistas de repente se abracem em lágrimas, numa cena dostoievskiana de irmãos há muito perdidos se reconciliando. "Ó meu irmão, será que alguma vez você vai me perdoar, como pude ser tão horrível? Fique com a terra, quem se importa com a terra, dê-me apenas seu amor." Infelizmente, não acredito que nada disso aconteça. Tampouco espero uma lua de mel. Se houver alguma coisa, espero que seja um imparcial e justo divórcio entre Israel e Palestina. E rompimentos nunca são felizes, mesmo quando são mais ou menos justos. Eles ainda assim machucam, são dolorosos. Sobretudo essa separação em particular, que acabará sendo muito peculiar, pois as duas partes que se divorciam vão ficar no mesmo apartamento em definitivo. Ninguém vai se mudar. E sendo o apartamento muito pequeno, será necessário decidir quem fica com o quarto A e quem fica com o quarto B, e como será com a sala de estar; e, sendo o apartamento tão pequeno, um arranjo especial precisará ser feito em relação ao banheiro e à cozinha. Muito inconveniente. Mas melhor do que o tipo de inferno em vida pelo qual todos estão passando agora nesse país tão amado. Um país onde homens, mulheres e crianças palestinos são diariamente oprimidos, perseguidos, humilhados, despojados pelo cruel governo militar israelense. Um país onde o povo israelense é apavorado todos os dias por ataques terroristas brutalmente indiscriminados a civis, homens, mulheres, crianças, estudantes, adolescentes, gente fazendo compras em shoppings. Qualquer coisa é preferível a isso! Especialmente um divórcio justo e imparcial. E uma vez esse doloroso divórcio levado adiante, talvez no fim, com a criação de dois Estados, mais ou menos divididos de acordo com as realidades demográficas — e não vou tentar desenhar um mapa, mas posso dizer em poucas palavras que as linhas de fronteira deveriam ser semelhantes às de antes de 1967, com algumas modificações aceitas mutuamente e disposição especial quanto aos disputados lugares sagrados de Jerusalém —, creio que israelenses e palestinos logo vão pular essa linha divisória para tomar juntos um café.

Esse será o momento para um café. Além disso, eu prevejo que, pouco tempo depois de a partilha ser implementada, estaremos em condições de cozinhar juntos nossas refeições na pequena cozinha, que é como estou me referindo a uma economia partilhada. Talvez um mercado comum do Oriente Médio. Talvez uma moeda do Oriente Médio. Uma coisa eu posso assegurar aos europeus: nosso conflito no Oriente Médio é de fato doloroso e sangrento e cruel e estúpido, mas não vai levar mil anos para criar o equivalente ao euro do Oriente Médio; seremos mais rápidos do que vocês foram, e derramaremos menos sangue do que vocês derramaram. Assim, antes que sua gente nos olhe de cima para baixo, idiotas judeus, idiotas árabes, gente cruel, gente fanática, gente extremista, gente violenta, sejam mais cuidadosos ao apontar o dedo como advertência para todos nós. Nossa história sangrenta será mais curta que a sua história sangrenta. Sei que é muito perigoso fazer profecias quando se vem da minha região do mundo. Por aqui tem havido muita competição no negócio da profecia. Posso correr o risco de prever que não vamos passar centenas de anos chacinando uns aos outros como na tradição europeia consagrada pelo tempo. Seremos mais rápidos do que isso. Quão mais rápido? Gostaria de poder responder. Eu nunca subestimo a visão curta e a estupidez das lideranças políticas de ambos os lados. Mas isso vai acontecer.

Além disso, o primeiro e crucial passo deve ser, tem de ser, uma solução de dois Estados, Israel terá de voltar àquela que foi a proposta israelense inicial desde 1948, e ainda antes de 1948, desde o começo: reconhecimento em troca de reconhecimento, status de Estado em troca de status de Estado, independência em troca de independência, segurança em troca de segurança, boa vizinhança por boa vizinhança, respeito por respeito. A liderança palestina por sua vez deve se dirigir ao seu próprio povo e dizer finalmente, em alto e bom som, algo que nunca conseguiu pronunciar, que Israel não é um acidente da história, que Israel não é uma intrusão, que Israel é a pátria dos judeus israelenses, não importa quão doloroso isso seja para os palestinos. Assim como nós, judeus israelenses, temos de dizer em alto e bom som que a Palestina é a pátria do povo palestino, por mais inconveniente que nos pareça.

A pior parte do conflito árabe-israelense, israelo-palestino não é de agora, é de há muitos anos, há várias décadas, em que as duas partes não conseguiam sequer pronunciar uma o nome da outra. Quando os palestinos e outros árabes tinham real dificuldade em pronunciar o palavrão "Israel". Eles costumavam chamá-lo a "entidade sionista", a "criatura artificial", a "intrusão", a "infecção", "al-Dawla al-Maz'ouma" — o "Estado artificial" ou o ser artificial. Por muito tempo diversos árabes e a maioria dos palestinos sustentavam que Israel era uma espécie de exposição móvel. Se protestassem com bastante veemência, o mundo pegaria Israel e o transplantaria para outro lugar, talvez para a Austrália ou para algum lugar distante. Eles tratavam Israel como um pesadelo — um "koshmar". Se esfregassem seus olhos com bastante força, Israel desapareceria. Eles tratavam Israel como uma infecção passageira, se coçassem e coçassem, ela de alguma forma passaria. E realmente eles tentaram várias vezes desfazer Israel por meio de força militar. Fracassaram e ficaram muito frustrados com esse fracasso. Mas nesses mesmos anos os israelenses não foram melhores. Os israelenses, por sua vez, não conseguiam sequer pronunciar as palavras explícitas "povo palestino". Costumávamos recorrer a eufemismos, tais como "os locais" ou "os habitantes árabes da terra". Éramos mais pan-arabistas do que o regime de Nasser no Egito, porque se você for pan-arabista, então não existe problema palestino. O mundo árabe é imenso. Por muitos anos, nós israelenses fomos cegos para o fato de que o povo palestino não poderia encontrar um lar nem mesmo nos países árabes. Não queríamos ver nem ouvir isso. Esses tempos passaram. Os dois povos agora devem se dar conta de que o outro é real; e a maioria, em ambos os lados, sabe agora que o outro não irá embora. Estão felizes com isso? De maneira alguma. É um momento alegre? De modo algum. É um período doloroso. É mais como se, para ambos os lados, se estivesse acordando num hospital, depois de um torpor por ação de anestésico para descobrir que tivera um membro amputado. E esse, estou dizendo a vocês, é um hospital ruim, e os médicos não são maravilhosos, e as duas famílias do lado de fora da sala de operações estão se xingando mutuamente e amaldiçoando os médicos. Esse é o quadro do Oriente Médio neste momento. Mas todos sabem pelo menos que a cirurgia é inevitável, todos sabem agora que o país terá de ser dividido de alguma maneira em dois Estados nacionais. Um país será predominantemente, não exclusivamente, mas predominantemente judeu, porque os judeus têm o direito de ser a maioria em um território pequeno, o qual, depois da retirada de Israel, terá provavelmente um terço do tamanho de um condado britânico. Mas este será um lugar reconhecido por judeus israelenses, pelo mundo inteiro, mesmo por nossos vizinhos, como nosso lar nacional. Mas os mesmos direitos ao povo palestino deverá ser o preço disso. Eles terão uma pátria, que será ainda menor do que Israel, mas será um lar, seu lar.

No entanto, mais urgente do que a questão das fronteiras, mais imprescindível do que a questão da disputa pelos lugares sagrados, mais imediata do que qualquer outra questão, é a questão sobre o que fazer no tocante à tragédia dos refugiados palestinos de 1948. Essa gente que perdeu seus lares, e que em alguns casos perdeu sua pátria, perdeu tudo, durante a Guerra de Independência de Israel em 1948. Há uma profunda discordância quanto a quem atribuir a culpa ou a maior parte da responsabilidade por essa tragédia. Vocês vão encontrar alguns historiadores modernos israelenses que acusam Israel. Eu suponho que em poucos anos, e espero viver para ver esse dia, vocês vão encontrar alguns historiadores modernos árabes que porão a culpa nos governos árabes daquela época. Mas independentemente de quem, enfim, arcará com a culpa, a questão é urgente e imediata. Cada um dos refugiados palestinos, que não tem um lar, nem um emprego, nem um país, deveria receber um lar e um emprego e um passaporte. Israel não pode admitir essas pessoas, ao menos não em grandes números. Se o fizer, não continuará a ser Israel. Mas Israel deveria participar da solução. Israel também deveria admitir parte da responsabilidade por sua tragédia. Qual porcentagem da responsabilidade é uma questão muito acadêmica e provavelmente muito subjetiva. Mas parte da responsabilidade é de Israel. A outra parte cabe à liderança palestina de 1947 e aos governos árabes de 1948. Israel deveria ajudar a restabelecer os refugiados na futura Palestina, que ficará na Cisjordânia e em Gaza ou em outro lugar. É claro, Israel terá todo o direito de levantar a questão do 1 milhão de refugiados judeus dos países árabes que também perderam seus lares e suas propriedades depois da guerra de 1948. Esses judeus não querem voltar aos países árabes. Mas eles também deixaram tudo o que tinham para trás — no Iraque, na Síria, no Iêmen, no Egito, no norte da África, no Irã, no Líbano — e foram virtualmente empurrados para fora desses países, às vezes até mesmo à força. Assim, tudo isso também deveria ser considerado ao se cuidar da questão.

Se eu fosse o primeiro-ministro de Israel, não assinaria nenhum acordo de paz que não desse uma solução ao problema dos refugiados palestinos, reinstalando-os no Estado da Palestina. Porque qualquer resolução que não cuide da questão dos refugiados será uma bomba-relógio. Não apenas por razões morais, mas até mesmo por razões egoísticas relativas à segurança de Israel, esse problema humano e nacional deve ser resolvido dentro do contexto do processo de paz imediato. Felizmente não estamos falando de toda a África ou da Índia. Estamos falando de algumas centenas de milhares de lares e empregos. Nem todo refugiado palestino está hoje carente de um lar e de um país. Mas os que estão sem lar e sem país apodrecem em condições desumanas em campos de refugiados — o problema deles é problema meu. Se não houver uma solução para essas pessoas, Israel não terá paz e tranquilidade mesmo que chegue a um acordo com seu vizinho.

Quero propor o primeiro projeto comum que judeus israelenses e árabes palestinos teriam de empreender, assim que se consumar o divórcio entre eles e a solução de dois Estados estiver implementada. Esse projeto, para o qual não deveríamos contar com qualquer ajuda estrangeira e para o qual as duas nações deveriam fazer um investimento igual, dólar por dólar, seria um monumento partilhado à nossa estupidez do passado, às nossas idiotices do passado. Porque todos sabem que quando o tratado de paz estiver finalmente implementado, o povo palestino vai ficar com muito menos do que poderia ter tido 55 anos atrás, cinco guerras atrás, 150 mil mortos atrás — os nossos mortos e os deles. Se ao menos a liderança palestina em 1947-8 tivesse sido menos fanática e unilateral, e menos avessa a um acordo de compromisso, se apenas tivesse aceitado a resolução de partilha da ONU em novembro de 1947, mas a liderança israelense também terá de contribuir para esse monumento à estupidez, porque nós israelenses poderíamos ter obtido um acordo muito melhor, muito mais convincente, se tivéssemos sido menos arrogantes, menos embriagados de poder, menos egoístas e menos carentes de imaginação após nossa vitória militar de 1967. Assim, as duas nações terão de fazer uma busca profunda em suas almas, na estupidez moral do seu passado. No entanto, a boa notícia é que o bloqueio cognitivo já se foi. Se for feito um referendo agora ou uma pesquisa de opinião pública entre o Mediterrâneo e o rio Jordão, perguntando a cada indivíduo — independentemente de religião ou status ou política ou passaporte ou ausência de passaporte — não o que considera uma solução justa, não o que gostaria de ver, mas o que realmente pensa que vai acontecer quando tudo isso chegar ao fim, aposto que 80% diriam: "uma partilha e uma solução de dois Estados". Algumas pessoas acrescentariam imediatamente: "e isso vai ser o fim de tudo, e será uma terrível injustiça!". De ambos os lados as pessoas diriam isso. Mas pelo menos a maioria das pessoas agora sabe. A boa notícia é que, creio, tanto os judeus israelenses quanto os árabes palestinos estão à frente de seus líderes, pela primeira vez em cem anos. Quando finalmente um líder visionário se levantar nos dois lados e disser: "É isso aí! É isso aí! Sonhos bíblicos — vocês podem todos continuar a sonhá-los, sonhos pré-1947, sonhos pós-1967, essas ou aquelas fantasias, podem continuar sonhando, não há censura para fantasias. Mas a realidade é próxima das linhas de 1967". Cedam ou peguem uma polegada aqui, outra lá, por acordo mútuo. E alguma fórmula flexível para os lugares sagrados em disputa, porque só um arranjo de grande flexibilidade pode funcionar. Nesse momento, quando os líderes de ambos os lados estiverem prontos para dizerem isso, eles vão ver que os dois povos estão tristemente prontos para isso. Não felizes, mas aptos para isso. Estão preparados do modo mais duro, dispostos em meio a dor e sangue derramado, mas prontos.

Quero abordar uma última questão. O que vocês podem fazer? O que podem fazer os formadores de opinião? O que podem fazer os europeus? O que o resto do mundo pode fazer, além de sacudir a cabeça e dizer: "Que coisa terrível!"? Bem, há duas coisas, talvez três. Uma, os formadores de opinião por toda a Europa têm o hábito miserável de apontar o dedo, como uma antiquada diretora de escola vitoriana, para este ou aquele lado: "Vocês não estão envergonhados consigo mesmos?". Com demasiada frequência eu leio nos jornais em vários países europeus ou coisas terríveis sobre Israel ou coisas terríveis sobre os árabes e o islã. Coisas simplórias, tacanhas, hipócritas, farisaicas. Não sou mais europeu em qualquer sentido, exceto pelo sofrimento de meus pais e de meus ancestrais, que deixaram para sempre em meus genes um sentimento de amor não correspondido pela Europa. Mas se eu fosse um europeu, teria o cuidado de não apontar o meu dedo para ninguém. Em vez de apontar, chamando os israelenses disso e os palestinos daquilo, eu faria tudo o que pudesse para ajudar ambos os lados, porque os dois estão à beira de tomar a mais dolorosa decisão de suas histórias. Os israelenses, ao renunciar aos territórios ocupados, ao remover a maior parte dos estabelecimentos que criaram na Cisjordânia, terão não só de retrair sua autoimagem e enfrentar uma grave dissidência e uma cisão interna. Eles estarão assumindo um risco muito sério quanto à sua segurança, não por parte dos palestinos, mas de futuras forças árabes extremistas que poderão, um dia, usar o território palestino para lançar um ataque a Israel, que depois da retirada terá apenas doze quilômetros de largura bem no meio de seu território. Isso quer dizer que a fronteira do futuro Estado palestino vai estar a cerca de sete quilômetros de nosso único aeroporto internacional. A Palestina estará num raio de vinte quilômetros para cerca de metade da população judaica israelense. Não é uma decisão fácil de tomar pelos israelenses, e ainda assim eles terão de tomá-la. Os palestinos, por sua vez, terão de sacrificar partes de territórios que tinham sido seus antes de 1948, e isso vai doer. Adeus Haifa, adeus Jafa, adeus Bersebá, e muitas outras cidades e aldeias que já foram árabes e não são mais e nunca mais serão parte da Palestina. Isso vai doer pra caramba. Assim, se vocês têm poucos gramas de ajuda ou de simpatia para oferecer, agora é o momento de estendê-los aos dois pacientes. Vocês não precisam mais ter de escolher entre ser pró-Israel ou pró-Palestina. Vocês devem ser pró-paz.

COMO CURAR UM FANÁTICO

Então, como se cura um fanático? Caçar um bando de fanáticos pelas montanhas do Afeganistão é uma coisa. Lutar contra o fanatismo é outra. Temo não ter quaisquer ideias específicas sobre como pegar os fanáticos nas montanhas, mas tenho uma ou duas reflexões sobre a natureza do fanatismo e sobre os meios, se não de curá-lo, de pelo menos contê-lo. O ataque de Onze de Setembro não foi apenas da pobreza contra a riqueza. Pobreza contra riqueza é um dos mais terríveis problemas do mundo, mas diagnosticaríamos errado esse ataque terrorista se pensássemos simplesmente que foi uma ofensiva de pobres contra ricos. Não foi uma questão entre o "ter" e o "não ter". Se o caso fosse simples assim, seria de esperar que o ataque viesse da

África, o continente mais pobre, e talvez dirigido contra a Arábia Saudita e o Golfo, os Estados produtores de petróleo e os mais ricos. Não, essa é uma batalha entre fanáticos que acreditam que o fim, qualquer fim, justifica os meios, e o resto de nós, que acredita que a vida é um fim, não um meio. É uma luta entre os que por um lado pensam que a justiça — o que quer que entendam por essa palavra — é mais importante que a vida, e os que pensam que a vida tem prioridade sobre muitos outros valores, convicções ou crenças. A atual crise no mundo, no Oriente Médio, em Israel/ Palestina, não é a respeito dos valores do islã. Não é sobre a mentalidade dos árabes, como alegam alguns racistas, de maneira alguma. É acerca da antiga luta entre fanatismo e pragmatismo. Entre fanatismo e pluralismo. Entre fanatismo e tolerância. O Onze de Setembro não tem a ver nem mesmo com a questão de se os Estados Unidos são bons ou maus, se o capitalismo é feio ou aceitável, se a globalização devia ou não cessar. Tem a ver com a típica reivindicação fanática: se eu acho que algo é ruim, eu o mato junto com seus vizinhos.

O fanatismo é mais antigo que o islã, mais antigo que o cristianismo, mais antigo que o judaísmo, mais antigo que qualquer Estado ou qualquer governo, ou sistema político, mais antigo que qualquer ideologia ou crença no mundo. O fanatismo é, infelizmente, uma parte onipresente da natureza humana; um gene mau, se preferir. Pessoas que fazem explodir clínicas de aborto nos Estados Unidos, pessoas que queimam mesquitas e sinagogas na Europa só diferem de Bin Laden em hierarquia, mas não na natureza de seus crimes. O Onze de Setembro, é claro, suscitou tristeza, raiva, descrença, choque, melancolia, desorientação e, sim, algumas reações racistas — reações racistas antiárabes e antimuçulmanas em toda parte. Quem poderia imaginar que depois do século XX viria logo a seguir o século XI? Minha própria infância em Jerusalém fez de mim um especialista em fanatismo comparado. A Jerusalém da minha infância, nos idos de 1940, estava cheia de profetas autoproclamados, redentores e messias. Mesmo hoje em dia, todo hierosolimita tem sua fórmula pessoal para a salvação instantânea. Todos dizem que vieram a Jerusalém, e estão citando um verso famoso de uma antiga canção, para construí-la e serem construídos por ela. Alguns deles, judeus, cristãos e muçulmanos, socialistas, anarquistas, reformadores do mundo, de fato vieram a Jerusalém não tanto para construí-la, não tanto para serem construídos por ela, mas para serem crucificados ou para crucificar outros ou ambas as coisas. Existe um distúrbio mental identificado, uma reconhecida doença mental chamada "a síndrome de Jerusalém": pessoas vêm a Jerusalém, inalam o maravilhoso e límpido ar de montanha, e então, de repente, se levantam e ateiam fogo numa mesquita ou numa igreja ou numa sinagoga. Ou então, apenas despem suas roupas, escalam a rocha e começam a profetizar. Ninguém está sequer escutando. Mesmo hoje em dia, mesmo na Jerusalém atual, cada fila de ônibus está sujeita a se inflamar e a se tornar um ardente seminário de rua, com completos estranhos discutindo política, moralidade, estratégia, história, identidade, religião e o real propósito de Deus. Participantes nessas discussões de rua, enquanto debatem sobre política e teologia, o bem e o mal, tentam se acotovelar e abrir caminho para o início da fila. Todos gritam, ninguém ouve. Exceto eu. Eu às vezes ouço, é assim que ganho a vida.

Sim, confesso que, quando criança em Jerusalém, eu mesmo passara por uma lavagem cerebral e era um pequeno fanático em todos os sentidos. Santimonial, chauvinista, surdo e cego a qualquer narrativa que diferisse da poderosa história judaica, sionista, da época. Eu era um menino que atirava pedras, um menino da Intifada judaica. De fato, as primeiras palavras que aprendi a dizer em inglês, além de "yes" e "no", foram: *British, go home!* — o que gritavam os meninos judeus quando atiravam pedras nas patrulhas britânicas em Jerusalém. Falando sobre as ironias da história — em meu primeiro romance, *Pantera no porão*, descrevi como o menino, cujo nome, ou apelido, era Prófi, perde seu fanatismo, perde seu chauvinismo, pelo menos até certo ponto, e muda no decorrer de quase duas semanas, através de um senso de relativismo, um choque de relativismo. Acontece que ele se tornou secretamente amigo de um inimigo, ou seja, um muito amigável e ineficaz sargento de polícia britânico. Eles se encontram às escondidas, o menino e o sargento britânico, e um ensina ao outro inglês e hebraico. E o menino descobre que as mulheres não têm chifres nem rabo, o que é uma revelação quase tão chocante quanto a descoberta de que nem britânicos nem árabes têm chifres e rabos. Assim, em certo sentido, o menino desenvolve um senso de ambivalência, uma capacidade de abandonar suas visões em preto e branco, mas, é claro, o preço que ele paga é que, no fim desse romance curto, ele não é mais uma criança, já está crescido, é um pequeno adulto. Muito da alegria e do fascínio e do zelo e da simplicidade da vida foi embora. E, além disso, agora ganhou um apelido, está sendo chamado de traidor por seus velhos amigos. Vou tomar a liberdade de citar um trecho da primeira página e meia de *Pantera no porão*,* porque creio que ali está o mais próximo de mim do que jamais consegui estar na questão do fanatismo.

Muitas vezes na vida já fui chamado de traidor. A primeira foi quando eu tinha doze anos e três meses e morava num bairro nos arredores de Jerusalém. Foi nas férias de verão de 1947, menos de um ano antes da retirada do Exército

---

* Amós Oz, *Pantera no porão*. 2. ed. Trad. de Milton Lando e Isa Mara Lando. São Paulo: Companhia das Letras, 2014. (N. E.)

britânico e da criação do Estado de Israel, nascido em meio à guerra.

Certa manhã apareceram estas palavras na parede de nossa casa, pintadas em grossas letras pretas logo abaixo da janela da cozinha: PRÓFI BOGUÊD SHAFÉL! — "Prófi é um traidor infame!".

A palavra shafél, "baixo, infame, desprezível", despertou uma pergunta que ainda hoje me interessa, agora que sento para escrever esta história: será que é possível alguém ser traidor sem ser infame? Se não é possível, por que será que Tchita Reznik (reconheci a caligrafia dele) se deu ao trabalho de acrescentar a palavra infame a "traidor"? E se é possível, em que circunstâncias a traição não é infame?

Eu tinha esse apelido de Prófi desde quando era bem pequeno. É diminutivo de professor, e me chamavam assim por causa da minha obsessão pelas palavras. (Continuo amando as palavras: gosto de colecionar palavras, organizar, embaralhar, inverter, combinar palavras. Mais ou menos como os que amam o dinheiro fazem com as notas e moedas, e os que gostam de jogar cartas fazem com as cartas.)

Às seis e meia da manhã meu pai saiu para pegar o jornal e viu as palavras pichadas embaixo da janela da cozinha. Durante o café da manhã, enquanto passava geleia de framboesa numa fatia de pão preto, de repente enfiou a faca quase até o cabo dentro do vidro de geleia e disse, com sua voz decidida:

"Muito bonito. Bela surpresa. E o que foi que Sua Alteza andou fazendo para merecermos essa honra?"

Minha mãe disse:

"Não comece a implicar com o menino desde cedo. Já chega que as outras crianças implicam com ele."

Meu pai estava de roupa cáqui, como a maioria dos homens do nosso bairro naquela época. Tinha os gestos e a voz de um homem convicto de estar com a razão. Raspando a framboesa grudenta do fundo do vidro e passando uma quantidade igual nas duas metades da fatia de pão, continuou:

"A verdade é que hoje em dia quase todo mundo usa essa palavra *traidor* a torto e a direito. Mas quem é um traidor? Sim, decididamente, é um homem sem honra. Um homem que em segredo, pelas costas, para conseguir alguma vantagem escusa, ajuda o inimigo a agir contra seu próprio povo. Ou a prejudicar sua própria família e seus amigos. É mais desprezível do que um assassino. Acabe seu ovo, por favor. Li no jornal que na Ásia tem gente morrendo de fome."

Mais adiante nesse romance, o leitor poderá descobrir que a mãe estava totalmente errada: apenas quem ama pode se tornar um traidor. A traição não é o contrário do amor, é uma de suas muitas opções. O traidor, penso eu, é aquele que muda, na visão daqueles que não conseguem mudar e não vão mudar e odeiam a mudança e não conseguem conceber transformações, exceto pelo fato de que eles querem sempre mudar você. Em outras palavras, traidor, aos olhos do fanático, é qualquer um que passa por uma mudança. E essa é uma escolha difícil, entre se tornar um fanático ou um traidor. Em determinado sentido, não ser um fanático significa ser, em certa medida e de certa forma, um traidor aos olhos do fanático. Eu fiz minha escolha, como *Pantera no porão* vai lhes contar.

Eu chamei a mim mesmo de um especialista em fanatismo comparado. Não é uma piada. Se vocês alguma vez ouvirem falar de uma escola ou universidade que crie um departamento de fanatismo comparado, já estou pleiteando um lugar como professor. Como um ex-hierosolimita, como um fanático recuperado, sinto que sou totalmente qualificado para esse emprego. Talvez já seja tempo de toda escola, toda universidade, manter pelo menos alguns cursos de fanatismo comparado, porque ele está em toda parte. Não me refiro somente às manifestações óbvias de fundamentalismo e intransigência. Não me refiro apenas a esses fanáticos óbvios, os que vemos na televisão, em lugares onde multidões histéricas agitam os punhos na direção das câmeras enquanto gritam frases de efeito em línguas que não entendemos. Não, o fanatismo está em quase toda parte, e suas formas mais tranquilas, mais civilizadas estão presentes ao nosso redor e talvez também dentro de nós mesmos. Conheço antitabagistas que queimariam você vivo por acender um cigarro perto deles! Conheço vegetarianos que comeriam você vivo por comer carne! Conheço pacifistas, alguns deles meus colegas no Movimento Israelense pela Paz, que gostariam de dar um tiro na minha cabeça só porque eu defendo uma estratégia um pouco diferente de como chegar à paz com os palestinos. Com isso não estou dizendo, é claro, que qualquer um que erga a voz contra qualquer coisa seja um fanático. Certamente não estou sugerindo que alguém com opiniões sólidas seja um fanático. Digo que a semente do fanatismo reside sempre numa autojustificativa sem concessões, uma praga com muitos séculos de existência. Há, é claro, várias gradações do mal. Um ambientalista militante pode defender sua verdade sem concessões, mas vai causar muito pouco dano em comparação, por exemplo, a um defensor de limpeza étnica ou um terrorista. Mas todos os fanáticos têm uma atração especial, um gosto especial pelo kitsch. Muito constantemente, o fanático só sabe contar até um; dois é uma cifra grande demais para ele ou ela. Ao mesmo tempo, vocês vão descobrir que, com frequência, os fanáticos são irremediavelmente sentimentais: é muito comum que prefiram sentir a pensar, e que tenham um fascínio particular pela sua própria morte. Eles desprezam este mundo e estão ansiosos por trocá-lo pelo "paraíso". O paraíso deles, no entanto, é em geral concebido tal como o "final feliz" em filmes ruins. Permitam-me divagar com uma história, sou um notório divagador, sempre divago. Um querido amigo e colega meu, o maravilhoso romancista israelense Sammy Michael, teve certa vez a experiência que alguns escritores têm de tempos em tempos, de uma longa viagem intermunicipal de carro na qual o motorista estava proferindo a costumeira palestra sobre como é imprescindível para nós, judeus, que se matem todos os árabes. E Sammy o escutava, e em vez de gritar "Que homem horrível você é. Você é um nazista, você é um fascista?", ele decidiu lidar com aquilo de modo diferente. Ele perguntou ao motorista: "E quem você pensa que deveria matar os árabes?". O motorista disse: "O que você acha? Nós! Os judeus israelenses! Temos de fazer isso! Não há alternativa, veja só o que eles estão fazendo conosco todo dia!". "Mas quem exatamente você acha que devia se encarregar da tarefa: A polícia? Ou o Exército? Ou talvez os bombeiros? Ou as equipes médicas? Quem deve realizar o trabalho?" O motorista coçou a cabeça e disse: "Acho que devia ser dividido de maneira equitativa entre todos nós, cada um devia matar alguns deles". Sammy Michael, ainda jogando o jogo, disse: "O.k., suponha que você seja designado para algum bloco de residências em sua cidade, Haifa, e você vai bater de porta em porta, ou tocar a campainha, e perguntar: 'Perdão, senhor, ou com licença, senhora, por acaso o senhor/ a senhora é árabe?'. E se a resposta for sim, você atira nele/ nela. Aí você termina o serviço em seu bloco e está pronto para ir para casa, mas assim que se vira você ouve em algum lugar num quarto andar de seu bloco o choro de um bebê. Você voltaria para atirar no bebê? Sim ou não?", perguntou Sammy ao motorista. Houve um momento de silêncio e então o motorista disse a Sammy Michael: "Sabe, você é um homem muito cruel".

Então, essa história é muito significativa, porque existe alguma coisa na natureza de um fanático que essencialmente é muito sentimental e ao mesmo tempo carece de imaginação. E isso às vezes me dá esperança, embora uma esperança muito limitada, de que injetar alguma imaginação nas pessoas pode ajudar a deixar o fanático incomodado. Não é um remédio de ação rápida, não é uma cura rápida, mas pode ajudar.

Conformidade e uniformidade, a urgência de pertencer e a vontade de fazer com que todos os outros pertençam, podem ser as mais amplamente difundidas mas não as mais perigosas formas de fanatismo. Lembrem o momento naquele maravilhoso filme de Monty Python, *A vida de Brian*, em que Brian diz à multidão de seus pretensos discípulos: "Vocês são todos indivíduos!", e a multidão grita em resposta: "Somos todos indivíduos!", exceto um deles, que diz encabulado, numa voz quase inaudível: "Eu não sou", mas todos, com raiva, fazem com que ele se cale. De fato, tendo dito que conformidade e uniformidade são formas amenas mas amplamente difundidas de fanatismo, devo acrescentar que com frequência o culto da personalidade, a idealização de líderes políticos ou religiosos, o culto de indivíduos carismáticos podem bem ser outra forma difundida de fanatismo. Parece que o século XX sobressaiu nos dois casos. Regimes totalitários, ideologias mortíferas, chauvinismo agressivo, formas violentas de fundamentalismo religioso por um lado e, por outro, a idolatria por uma Madonna ou um Maradona. Talvez o pior aspecto da globalização seja a infantilização da humanidade: "o jardim de infância global", cheio de brinquedos e *gadgets*, balas e pirulitos. Até a metade do século XIX, alguns anos a mais ou a menos — isso varia de um país a outro, de um continente a outro —, mas aproximadamente, a maioria das pessoas na maior parte do mundo tinha pelo menos três certezas fundamentais: onde eu vou passar minha vida, o que vou fazer para viver e o que vai acontecer comigo depois que eu morrer. Quase toda pessoa no mundo, há apenas 150 anos, se tanto, sabia que ia passar a vida exatamente onde tinha nascido ou em algum lugar próximo, talvez na aldeia vizinha. Todo mundo sabia que o que faria como meio de vida era o que seus pais tinham feito como meio de vida, ou algo muito semelhante. E todos sabiam que, caso se comportassem bem, seriam transformados para viver num mundo melhor depois de morrer. O século xx corroeu e muitas vezes destruiu essas e outras certezas. A perda dessas certezas elementares pode ter sido a causa do meio século mais pesadamente ideológico, seguido do meio século mais furiosamente egoísta, hedonista, orientado para *gadgets*. Nos movimentos ideológicos da primeira metade do século passado, o mantra costumava ser "amanhã será um dia melhor — façamos sacrifícios hoje"; vamos até mesmo impor sacrifícios a outras pessoas hoje, para que nossos filhos herdem um paraíso no futuro. Em algum momento em meados desse século, tal conceito foi substituído pelo conceito de felicidade instantânea, não somente o famoso direito de batalhar pela felicidade, mas a efetivamente difundida ilusão de que a felicidade está ali nas prateleiras e que tudo que se deve fazer é enriquecer o bastante para se permitir adquirir a felicidade usando sua carteira. A noção de "felizes para sempre", a ilusão de uma felicidade duradoura é, na atualidade, um oximoro. Ou um platô ou um clímax. Felicidade que dura para sempre não é felicidade, assim como um orgasmo que dura para sempre não é nenhum orgasmo.

A essência do fanatismo reside no desejo de forçar outras pessoas a mudar. A inclinação comum para fazer seu próximo melhorar, ou para corrigir sua esposa, ou para direcionar seu filho, ou para endireitar seu irmão, em vez de deixá-los serem como são. O fanático é a menos egoísta das criaturas. O fanático é um grande altruísta. Frequentemente o fanático está mais interessado em você do que nele mesmo. Ele quer salvar sua alma, quer te redimir, quer te livrar do pecado, do erro, de fumar, de sua fé ou de sua falta de fé, quer melhorar seus hábitos alimentares, ou te curar da bebida ou de sua preferência na hora de votar. O fanático se importa muito com você, ele está sempre pulando em seu pescoço porque te ama de verdade, ou então está em sua garganta caso demonstre ser irrecuperável. E seja qual for o caso, falando topograficamente, pular em seu pescoço e estar em sua garganta é quase o mesmo gesto. De um modo ou de outro, o fanático está mais interessado em você do que nele mesmo, pela muito simples razão de que o fanático tem muito pouco de "ele mesmo", ou nenhum "ele mesmo". O sr. Bin Laden e os de sua laia não apenas odeiam o Ocidente. Não é tão simples assim. Em vez disso, penso que o que quer é salvar suas almas, ele quer liberar vocês, nós, de nossos terríveis valores, do materialismo, do pluralismo, da democracia, da liberdade de expressão, da libertação da mulher... Todas essas coisas, afirmam os fundamentalistas islâmicos, são muito, muito ruins para sua saúde. O alvo imediato de Bin Laden pode ter sido Nova York, ou Madri, mas seu objetivo era transformar muçulmanos moderados, pragmáticos, em "verdadeiros" crentes, no tipo de muçulmano que ele é. O islã, na visão de Bin Laden, estava sendo debilitado por "valores americanos", e para defender o islã você não tem só de atingir o Ocidente, e ofendê-lo duramente, você tem de convertê-lo. A paz só prevalecerá quando o mundo se converter não ao islã, mas à mais fundamentalista e violenta e rígida forma do islã. Vai ser bom para vocês. Bin Laden essencialmente ama vocês: em seu modo de pensar, o Onze de Setembro foi um ato de amor. Ele fez isso para o próprio bem de vocês, ele quer mudar vocês, ele quer lhes redimir. Muitas vezes, essas coisas começam em família. O fanatismo começa em casa. Inicia exatamente com o impulso muito comum de mudar um parente querido para o próprio bem dele, começa com o ímpeto de se sacrificar pelo bem de um querido e amado vizinho, começa com o impulso de dizer a um filho seu: "Você deve ser como eu e não como sua mãe" ou "Você deve ser como eu e não como seu pai" ou "Por favor, seja algo muito diferente de seus dois pais". Ou, entre casais casados, "Você tem de mudar, você precisa enxergar as coisas como eu vejo ou esse casamento não vai funcionar". Frequentemente começa com o impulso de viver sua vida calcada na vida de outra pessoa. De doar a si mesmo para facilitar a satisfação do próximo ou o bem-estar das próximas gerações. O autossacrifício muitas vezes envolve infligir terríveis sentimentos de culpa no beneficiário, e com isso manipular, até mesmo controlar ele ou ela. Se tivesse de escolher entre os dois estereótipos de mãe na famosa piada judaica — a mãe que diz a seu filho: "Termine o seu café da manhã ou eu te mato" ou a que diz: "Termine o seu café da manhã ou eu me mato" —, eu provavelmente escolheria o menor dos dois males. Isto é, em vez de não terminar meu café da manhã e morrer, não terminar meu café da manhã e ter sentimento de culpa pelo resto da minha vida.

Voltemo-nos agora para o papel sombrio dos fanáticos e do fanatismo no conflito entre Israel e Palestina, Israel e grande parte do mundo árabe. O choque israelo-palestino não é por natureza uma guerra civil entre dois segmentos da mesma população ou do mesmo povo ou da mesma cultura. Não, não é um conflito interno, e sim um combate internacional. O que é uma sorte, pois conflitos internacionais são mais fáceis de resolver do que os internos, guerras religiosas, de classes, de valores. Eu disse que eram mais fáceis, não disse que eram fáceis. A batalha entre judeus israelenses e árabes palestinos não é uma guerra religiosa por essência, embora os fanáticos em ambos os lados estejam tentando com grande empenho transformá-la numa guerra religiosa. Basicamente, não é mais que um conflito territorial quanto à dolorosa questão "de quem é a terra?". É um embate entre o certo e o certo, entre duas poderosas, muito convincentes reivindicações do mesmo e pequeno país. Não uma guerra religiosa nem uma guerra de culturas nem uma discordância entre duas tradições, mas apenas uma disputa imobiliária sobre a quem pertence esta casa. E eu acredito que isso possa ser resolvido.

De um modo discreto, de maneira cautelosa, acredito que a imaginação pode servir como uma imunidade parcial e limitada ao fanatismo. Penso que uma pessoa que possa imaginar o que vão sugerir suas ideias quando ela ouvir o choro de um bebê no quarto andar, essa pessoa pode se tornar um fanático menos completo, o que é uma ligeira melhora. Quanto a isso, gostaria de poder lhes dizer que a literatura é a resposta, pois nela consiste um antídoto para o fanatismo ao injetar imaginação nos seus leitores. Gostaria simplesmente de receitar: leia literatura e você vai se curar de seu fanatismo. Infelizmente, não é tão simples. Lamentavelmente, muitos poemas, muitas histórias e dramas através da história têm sido usados para inflamar o ódio e inflamar uma autopercepção de sua suposta justiça nacionalista. No entanto, há certas obras literárias que, acredito, possam nos ajudar em certa medida. Elas não realizam milagres, mas são capazes de auxiliar. Shakespeare pode contribuir muito. Todo extremismo, toda cruzada sem concessões de compromisso, toda forma de fanatismo em Shakespeare termina ou numa tragédia ou numa comédia. O fanático nunca fica mais feliz ou mais satisfeito no final; ou está morto ou vira uma piada. Essa é uma boa inoculação. E Gógol também pode ajudar: Gógol faz com que seus leitores, grotescamente, fiquem cientes de quão pouco sabemos, mesmo quando estamos convencidos de estarmos 100% corretos. Gógol nos ensina que seu nariz pode se tornar um inimigo terrível, pode até mesmo se tornar um inimigo fanático, e você pode descobrir que está caçando fanaticamente seu próprio nariz. Kafka é um bom educador quanto a isso, embora eu tenha certeza de que ele nunca pretendeu ser usado como educação contra o fanatismo. Kafka nos mostra que existe escuridão e enigma e zombaria mesmo quando pensamos não ter feito nada de errado. Isso ajuda. (E se apenas tivéssemos mundo o bastante e tempo,* eu me estenderia mais sobre Kafka e Gógol e a conexão, a sutil conexão que vejo entre esses dois, mas isso será em outra ocasião.) E William Faulkner pode ajudar. O poeta israelense Yehuda Amichai expressa tudo isso melhor do que eu esperaria algum dia expressar, quando diz: "Onde temos razão, flores não podem crescer". É um verso muito útil. Assim, em certa medida, algumas obras de literatura podem ajudar, mas não todas.

E se vocês prometerem acolher com uma grande pitada de sal o que vou dizer agora, posso lhes contar, ao menos em princípio, que creio ter inventado o remédio para o fanatismo. O senso de humor é uma grande cura. Nunca vi em minha vida um fanático com senso de humor, nem nunca vi uma pessoa com senso de humor tornar-se um fanático, a menos

---

* Citação de famosa expressão em inglês "*Had we but world enough and time*", usada por Robert Penn Warren e outros. (N. T.)

que ele ou ela tenha perdido o senso de humor. Fanáticos são frequentemente sarcásticos. Alguns deles têm um senso de sarcasmo muito agudo, mas não de humor. O humor encerra em si a capacidade de rirmos de nós mesmos. Humor é relativismo, humor é a aptidão para ver a si mesmo como os outros o veem, humor é a capacidade de perceber que, não importa quão justo você é, e como as pessoas têm sido terrivelmente erradas em relação a você, há um certo aspecto da vida que é sempre um pouco engraçado. Quanto mais correto você é, mais engraçado você fica. E, em relação a isso, você pode ser um israelense certo de sua própria justiça ou um palestino certo de sua própria justiça ou qualquer coisa certa de sua própria justiça, mas enquanto tiver senso de humor você estará em parte imune ao fanatismo.

Se eu apenas pudesse comprimir um senso de humor em cápsulas e persuadir populações inteiras a engolir minhas pílulas de humor, assim imunizando todo mundo contra o fanatismo, eu poderia me candidatar um dia ao prêmio Nobel de medicina, não de literatura. Mas prestem atenção! A ideia de comprimir senso de humor em cápsulas e a noção de fazer outras pessoas engolirem minhas pílulas de humor para seu próprio bem, com isso curando-as de seu problema, já está ligeiramente contaminada pelo fanatismo. Sejam muito cuidadosos, fanatismo é fácil de pegar, é mais contagioso do que qualquer vírus. Pode-se facilmente contrair fanatismo mesmo quando se está tentando vencê-lo ou combatê-lo. Basta ler um jornal ou assistir ao noticiário na televisão para ver quão facilmente as pessoas podem se tornar fanáticas antifanáticas, zelotes antifundamentalistas, cruzadas do antijihadismo. Por fim, se não conseguirmos vencer o fanatismo, talvez possamos ao menos contê-lo um pouco. Como eu disse, a capacidade de rir de nós mesmos é uma cura parcial, a capacidade de nos vermos como os outros nos veem é outro remédio. A capacidade de existir em situações em aberto, até mesmo aprender a desfrutar de situações em aberto, aprender a desfrutar da diversidade, também pode ajudar. Não estou pregando um relativismo moral total, certamente não. Estou tentando desenvolver a necessidade de cada um imaginar o outro. Divagar em relação ao outro quando brigamos, fantasiar sobre o outro quando reclamamos, imaginar o outro exatamente no momento em que achamos que estamos 100% certos. Mesmo quando se está 100% certo e o outro 100% errado, ainda é proveitoso pensar sobre o outro. De fato, fazemos isso o tempo todo. Meu romance *O mesmo mar* é a respeito de um grupo de seis ou sete pessoas que estão espalhadas pelo globo e têm entre elas uma comunhão quase mística. Eles sentem cada um o outro, eles se comunicam uns com os outros o tempo todo por telepatia, embora estejam espalhados nos quatro cantos da Terra.

A capacidade de existir em situações em aberto está, de maneira imaginária, aberta para todos nós: escrever um romance, por exemplo, envolve, entre outros encargos, a necessidade de acordar toda manhã, tomar uma xícara de café e começar a imaginar o outro. E se eu fosse ela, e se você fosse ele. E em meu próprio contexto pessoal, em minha própria história de vida e história familiar, não posso deixar de pensar, muito frequentemente, que com uma leve torção em meus genes, ou nas circunstâncias de meus pais, eu poderia ser ele ou ela, ou poderia ser um judeu que se estabeleceu na Cisjordânia, eu poderia ser um extremista ultraortodoxo, poderia ser um judeu oriental de um país do terceiro mundo, poderia ser qualquer um. Poderia ser um de meus inimigos. Imaginar tudo isso é sempre uma prática proveitosa. Há muitos anos, quando eu ainda era criança, minha sábia avó me explicou em palavras muito simples a diferença entre um judeu e um cristão — não entre um judeu e um muçulmano, mas entre um judeu e um cristão: "Veja só", ela disse, "os cristãos acreditam que o Messias já esteve uma vez aqui e certamente voltará um dia. Os judeus afirmam que o Messias ainda está por vir. Por causa disso, houve tanta raiva, perseguição, derramamento de sangue, ódio... Por quê?". Ela disse: "Por que cada um não pode simplesmente esperar para ver? Se o Messias chegar dizendo: 'Olá, é um prazer revê-los', os judeus vão ter de admitir e reconhecer o fato. Se, por outro lado, o Messias chegar dizendo: 'Como vão, é um prazer conhecê-los', todo o mundo cristão terá de se desculpar com os judeus. Entre o agora e o então", disse minha erudita avó, "simplesmente viva e deixe viver". Ela era definitivamente imune ao fanatismo. Sabia o segredo de viver em situações em aberto, com conflitos não resolvidos, com a alteridade de outras pessoas. Eu comecei dizendo que o fanatismo muitas vezes começa em casa. Deixe-me concluir dizendo que o antídoto também pode ser encontrado em casa, virtualmente na ponta dos dedos. Nenhum homem é uma ilha, disse John Donne, mas eu humildemente ouso acrescentar a isso: nenhum homem e nenhuma mulher é uma ilha, mas cada um de nós é uma península, metade ligada ao continente, metade voltada para o mar; metade ligada à família e amigos e cultura e tradições e país e nação e sexo e língua e muitos outros laços. E a outra metade quer ser deixada só e ficar voltada para o oceano. Creio que devíamos ter permissão para continuarmos a ser penínsulas. Todo sistema social e político que faz cada um de nós ser uma ilha darwiniana e o resto da humanidade um inimigo ou rival é um monstro. Mas, ao mesmo tempo, todo sistema social e político e ideológico que quer fazer de nós não mais do que uma molécula do continente também é uma monstruosidade. A condição de península é a própria condição humana. É isso que somos e é o que merecemos continuar sendo. Assim, em certo sentido, em toda casa, em toda família, em toda conexão humana, temos de fato um relacionamento entre um número de penínsulas, e é melhor que nos lembremos disso antes de tentar moldar um ao outro e modificar um ao outro e fazer o próximo ficar do nosso jeito quando ele ou ela, na verdade, estão precisando se voltar ao oceano por um momento. E isso vale para grupos sociais e culturas e civilizações e nações e, sim, israelenses e palestinos. Nenhum deles é uma ilha e nenhum deles pode se misturar completamente com o outro. Essas duas penínsulas deviam manter um relacionamento e, ao mesmo tempo, ser deixadas consigo mesmas. Sei que é uma mensagem incomum nesses dias de violência e de ira e de vingança e fundamentalismo e fanatismo e racismo, todos à solta no Oriente Médio e em toda parte. Um senso de humor, a capacidade de imaginar o outro, a competência de reconhecer a qualidade peninsular de cada um de nós poderá ser pelo menos uma defesa parcial contra o gene do fanatismo que existe em todos nós.

PÓS-ESCRITO AOS
ACORDOS DE GENEBRA

Os protestos daqueles que se opõem aos Acordos de Genebra são absolutamente sem fundamento. Os autores desses acordos sabem perfeitamente que Sharon e seu gabinete são de fato o governo legítimo de Israel. Sabem que sua iniciativa, fruto de anos de negociações conduzidas no maior sigilo, não é mais do que um exercício. E que seu objetivo é apenas oferecer à opinião pública israelense e palestina uma janela através da qual poderão enxergar uma paisagem diferente: não mais carros-bomba, não mais homens-bomba suicidas, não mais ocupações, não mais opressão ou expropriação, o fim de uma guerra interminável e o fim do ódio. Em lugar disso, propomos uma solução detalhada, cautelosa, que não passa ao largo de nenhuma das questões fundamentais. Seu princípio central é o seguinte: damos fim à ocupação e os palestinos dão fim à sua guerra contra Israel. Desistimos do sonho de uma Grande Israel, e eles desistem de seu sonho de uma Grande Palestina. Renunciamos à soberania sobre certas partes da terra de Israel que são caras aos nossos corações, e os palestinos fazem a mesma coisa. O problema dos refugiados de 1948, que está no cerne de nossa preocupação com segurança, será resolvido de uma vez por todas, estritamente fora das fronteiras do Estado de Israel, e com ajuda internacional.

Se esses acordos forem implementados, nem um só campo de refugiados palestinos, oprimidos por sua carga de desespero, negligência, ódio e fanatismo, restará no Oriente Médio. No documento que temos em mãos, os palestinos aceitam, contratual, definitiva e irrevogavelmente, que nem agora nem no futuro farão mais reivindicações a Israel.

E, ao final da conferência, depois da assinatura dos Acordos de Genebra, um representante do Tanzim declarou que talvez agora se pudesse ver no horizonte o fim dos cem anos de guerra entre judeus e palestinos. Ele acrescentou que isso poderia ser substituído por um amargo conflito entre aqueles, dos dois lados, que defendiam um acordo e a paz, e aqueles, dos dois lados, que estão atolados no fanatismo. Esse conflito já começou a grassar furiosamente. Sharon deu o pontapé inicial antes de os Acordos de Genebra serem publicados. E os líderes do Hamas e da

88

Jihad Islâmica se apressaram a lhe fazer eco, usando exatamente o mesmo discurso de ódio.

Então o que está faltando nos Acordos de Genebra? Os Acordos de Genebra não têm dentes. Não são mais do que cinquenta páginas de papel. Mas, por outro lado, se os dois lados os aceitarem, amanhã ou depois de amanhã, irão descobrir que os fundamentos para a paz já foram lançados. Até o último detalhe.

Se Sharon e Arafat quiserem usar esse documento como base para um acordo, não vamos reivindicar direitos autorais. E se Sharon conceber um plano melhor, diferente, mais detalhado, mais nacionalista, e se for aceito pelo outro campo, o que faremos? Vamos deixar que o implemente. Vamos até parabenizá-lo. E embora Sharon seja, como todos sabem, um homem de peso, nós o carregaremos nos ombros, meus amigos e eu.

Dezembro de 2003

ENTREVISTA COM AMÓS OZ

Já faz dez anos que você proferiu pela primeira vez as conferências presentes neste livro. Muita coisa mudou na década passada, mas não parece que estejamos mais perto de resolver a "disputa imobiliária" entre Israel e Palestina. Você está mais desanimado em relação ao prognóstico que fez então?

Os fanáticos de ambos os lados trabalham duro tentando transformar o que eu descrevi como uma "disputa imobiliária" numa Guerra Santa. Têm tido algum sucesso, tanto entre os judeus quanto entre os árabes. Isso me faz ficar mais pessimista, mas não menos comprometido, quanto à perspectiva de um iminente compromisso israelo-palestino: não existe alternativa a uma solução de dois Estados, Israel e a vizinha Palestina.

Talvez como resultado da inexistência de um momentum, tem havido recentemente um renovado interesse, pelo menos em nível acadêmico, numa "solução de um Estado". Você acha que isso pode vir a ser realizável?

Meu modelo ainda é o divórcio pacífico entre os tchecos e os eslovacos quando concordaram mutuamente em desmontar a Tchecoslováquia em dois Estados nacionais. A ideia da solução de um Estado me parece lunática, porque tentar empurrar os israelenses e os palestinos para uma cama de lua de mel, juntos, imediatamente, depois de 120 anos de derramamento de sangue, ódio e animosidade, é tão absurda quanto seria a ideia de fazer da Alemanha e da Inglaterra uma só nação no dia em que terminou a Segunda Guerra Mundial.

Um elemento-chave de seu argumento é que existe nos dois lados uma percepção difundida, ainda que relutante, de que uma solução de dois Estados é inevitável e que são os líderes que não têm a coragem de fazê-la acontecer. Você acha que a opinião pública dos dois lados mudou desde que fez essas conferências pela primeira vez?

Todos nós ouvimos constantemente as más notícias do Oriente Médio, mas há algumas boas notícias também. E as boas notícias são que, segundo pesquisas de opinião pública, tanto em Israel como na Palestina, a maioria dos israelenses e a maioria dos palestinos ainda estão dispostos a aceitar uma solução de dois Estados como um compromisso histórico. Eles não confiam uns nos outros para nada. Eles discordam quanto às linhas da fronteira entre os dois Estados, eles divergem quanto a Jerusalém, assentamentos, segurança e lugares santos, mas ambos aceitam o princípio da partilha. Isso é em si um grande passo, se pensarmos nas muitas décadas em que os palestinos e os outros árabes se recusavam a reconhecer a existência de qualquer Israel em qualquer lugar, enquanto os israelenses se recusavam a reconhecer a existência de um povo palestino. Agora tudo isso passou: cada um dos lados sabe que o outro é real, que o outro não está indo embora e vai ficar com parte do país em disputa.

Você tem falado em todo lugar sobre o impacto "corruptor" da ocupação, em termos de que ela embute relações de dominação e submissão, particularmente em quem está prestando serviço militar. Quão profundo você acha que isso é? Trata-se de um obstáculo significativo para a paz?

A ocupação da Cisjordânia é corruptora tanto do ocupante quanto do ocupado. Ela gera intransigência e racismo no lado israelense, humilhação e sentimento de vingança no lado palestino, reduz a confiança mútua a quase zero. Mas, de uma forma estranha, israelenses e palestinos conhecem uns aos outros bem intimamente e isso é em si mesmo um raio de esperança.

Você proferiu a conferência "Como curar um fanático" para um público europeu, pedindo em parte que houvesse um tratamento mais nuançado do conflito por parte da mídia. Depois de Gaza e depois do Líbano é difícil não sentir que a percepção europeia da política pública de Israel na verdade piorou desde que você escreveu seu ensaio. Quais são as imagens de Israel que você acha que mais nos passam despercebidas na Europa?

Espero que a Europa aprenda a enxergar a ambiguidade do conflito árabe-israelense em vez de só vê-lo pintado de preto e branco, e sempre perguntando quem são os mocinhos e quem são os bandidos, como se isso fosse um filme de faroeste. Enquanto Israel está ocupando a Cisjordânia e oprimindo os palestinos, centenas de milhões de zelotes muçulmanos estão comprometidos com a destruição de Israel. Se focarmos em Israel e Palestina, então Israel é o brutal

96

Golias e a Palestina é o heroico Davi, mas se ampliarmos o campo e enxergarmos 1 bilhão de muçulmanos que têm como objetivo a destruição do pequeno Israel, você terá uma ideia diferente de quem é Davi e quem é Golias.

Vimos enormes mudanças no mundo árabe durante os últimos dois anos. Ao começarmos a ver as consequências da Primavera Árabe se desfazendo por toda a região, quais implicações você acha que isso terá na solução do conflito israelo-palestino?

O termo "Primavera Árabe" é falso e ilusório. Nasceu da ingênua suposição de que o que aconteceu no bloco soviético ia se repetir no mundo árabe. As ditaduras iam desmoronar como peças de dominó e a democracia ia prosperar. Mas atualmente não existe Primavera Árabe. O que está acontecendo na Tunísia é completamente diferente do que está acontecendo no Egito, e o que está acontecendo na Síria também é completamente diferente do que ainda não está acontecendo na Arábia Saudita, que poderá ser inteiramente diferente do que em outros países árabes. Em geral, vemos um crescimento do islã fundamentalista militante, e ainda é muito cedo para comemorar o nascimento da democracia em qualquer parte do mundo árabe. Para muitos, nos movimentos islâmicos, democracia significa simplesmente eleições livres, um homem, um voto... *uma vez.*

Em particular, como você acha que as mudanças no Egito podem afetar a situação?[*]

Tem havido uma paz fria entre Israel e o Egito durante três décadas. Temo que agora vá se tornar uma paz congelada, mas não acho provável que Israel ou o Egito revoguem os acordos ou empreendam ações militares um contra o outro.

Um dos efeitos colaterais da Primavera Árabe tem sido os movimentos populares contra a desigualdade — os movimentos dos *indignados*, os inquilinos — que surgiram em muitos países. Os protestos em Israel foram maiores do que na maioria dos lugares, começando com tendas sendo erguidas em Tel Aviv como protesto contra a falta de moradias. Qual foi sua reação imediata aos protestos? E será significativo que a maior parte das exigências relevantes tenham sido sobre moradia, privatização e mensalidades no ensino superior — mas não paz?

[*] Na ocasião da entrevista, Morsi, da Irmandade Muçulmana, tinha sido eleito. Depois foi deposto e preso. (N. T.)

O que aconteceu nas ruas de Tel Aviv e outras cidades israelenses no último verão foi uma poderosa demonstração da força da sociedade civil em Israel. Meio milhão de israelenses fizeram demonstrações nas ruas de Tel Aviv, o que equivale a cerca de 5 milhões de britânicos, e não houve uma só vidraça quebrada, nem um só episódio de violência. Está começando a parecer que este verão será diferente, pois os manifestantes estão mais frustrados. Eles ainda fazem manifestações sobre moradias e custo de vida e não sobre a paz por causa de certo fatalismo, por causa do sentimento disseminado de que não existe um parceiro real para a paz no mundo árabe neste momento. Em 2006, Israel retirou-se unilateralmente da Faixa de Gaza, erradicando 26 assentamentos judaicos e retirando seus militares, devolvendo cada grão de terra aos palestinos. Todos esperavam obter paz e tranquilidade, mas em vez disso vieram cerca de 10 mil foguetes e mísseis sobre as cidades e aldeias israelenses. Isso é um duro golpe no Movimento Israelense Paz Agora, que apregoou por muitos anos: "Vamos evacuar os Territórios Ocupados e teremos paz". Para o Movimento pela Paz em Israel é muito difícil continuar defendendo "terra por paz" depois do precedente de Gaza.

É interessante que em "Como curar um fanático" você menciona a natureza apolítica do capitalismo tardio ("egoísta, hedonista, orientado para *gadgets*") como par-

te do problema geral. Você acha que a falta de solidariedade social, que criticou, pode agora estar mudando?

Em alguns países do Ocidente, inclusive Israel, há os primeiros sinais de certa renovação de um senso de solidariedade social. Os resultados das eleições na França podem estar apontando nessa direção, mas ainda é cedo para dizer se estamos efetivamente diante de um renascer universal de solidariedade social.

Um dos temas recorrentes em seus dois ensaios é a fraqueza das lideranças, dificultadas por considerações políticas de curto prazo ou por falta de coragem. É sabido que as formas de novos movimentos políticos que estamos vendo têm uma relação muito diferente com a liderança, rejeitando a hierarquia. Isso poderia sugerir uma maneira de romper o impasse? Você acha que seria correto dizer que estamos assistindo a uma volta do idealismo na política, ao menos em termos de mobilização de massas? O que distingue o idealista do fanático, em sua opinião?

A diferença entre idealismo e fanatismo é a distância entre a dedicação e a obsessão. Para o fanático, mas não para o idealista, "o fim justifica todos os meios".

Há uma outra tendência em sua obra, de ver o desejo de mudar o mundo como carregado de desapontamento — este certamente parece ser o caso de muitos dos personagens em *Entre amigos*. Os idealistas de hoje estão condenados ao fracasso?

O principal erro de muitas gerações de reformadores do mundo está na missão que se impõe de mudar a natureza humana em um golpe só ou por meio de uma revolução. A natureza humana parece que não muda. A única diferença entre fazer amor no tempo do rei Davi e fazer amor hoje em dia é o cigarro depois.

Restou alguma coisa do idealismo israelense do passado? Você acha que os desenvolvimentos atuais representam um renascer daquele velho otimismo ou são manifestação de algo completamente diferente?

Há certos genes do idealismo dos pais e mães fundadores de Israel ainda fortemente presentes no cenário israelense contemporâneo: a tendência a discutir e argumentar, um certo código de anarquismo latente, "ninguém sabe isso melhor do que eu". Ainda somos uma nação de 8 milhões de cidadãos, 8 milhões de primeiros-ministros,

8 milhões de profetas e messias. Cada um grita com o volume máximo de sua voz, ninguém jamais escuta exceto eu. Eu às vezes escuto. É assim que ganho a vida. Assim, os pais fundadores nos legaram sua inquietude, seu dinamismo e sua perpétua busca pela reforma do mundo.

Você está sugerindo diversos remédios parciais para os problemas do fanatismo, que são muito atraentes àqueles entre nós que gostamos de literatura: leitura, imaginação, humor e empatia. Quais livros você recomendaria em relação a esse tópico?

Existem fortes antídotos para o fanatismo em Tchékhov, em William Faulkner, em Lampedusa, em Thomas Mann e muitos, muitos outros.

O que você acha da ideia de Huntington sobre o choque de civilizações?

Não acredito num choque entre o Oriente e o Ocidente ou entre o islã e o Ocidente secular. Creio que a síndrome do século XXI é o choque entre fanáticos de todas as cores e o resto de nós.

O que você pensa em relação a um ataque preventivo de Israel ao Irã?

Fico melindrado com a ideia de um ataque preventivo contra as instalações nucleares do Irã por um sem-número de razões. O regime no Irã é realmente fanático e beligerante. Os aiatolás estão negando a existência do Holocausto nazista e o justificando num sopro só. Mas um Irã nuclear é um problema para toda a comunidade internacional, não só a de Israel. Uma ação militar não pode resolver o problema se os iranianos têm o know-how nuclear, você pode bombardear as instalações, você não pode bombardear o know-how.

1ª EDIÇÃO [2016] 7 reimpressões

ESTA OBRA FOI COMPOSTA PELO ACQUA ESTÚDIO EM ELECTRA E IMPRESSA
EM OFSETE PELA GRÁFICA SANTA MARTA SOBRE PAPEL PÓLEN BOLD DA
SUZANO S.A. PARA A EDITORA SCHWARCZ EM ABRIL DE 2024

A marca FSC® é a garantia de que a madeira utilizada na fabricação do papel deste livro provém de florestas que foram gerenciadas de maneira ambientalmente correta, socialmente justa e economicamente viável, além de outras fontes de origem controlada.